大專用書

統計學題解

蔡淑女　著
張健邦　校訂

三民書局　印行

國家圖書館出版品預行編目資料

統計學題解／蔡淑女著.－－初版二刷.－－臺北市；
三民，民91
　　面；　公分

ISBN 957-14-2160-X　（平裝）

1.統計學－問題集

510.22　　　　　　　　　　　　　　　83010141

網路書店位址　http://www.sanmin.com.tw

© 統計學題解

著作人　蔡淑女
校訂者　張健邦
發行人　劉振強
著作財
產權人　三民書局股份有限公司
　　　　臺北市復興北路三八六號
發行所　三民書局股份有限公司
　　　　地址／臺北市復興北路三八六號
　　　　電話／二五〇〇六六〇〇
　　　　郵撥／〇〇〇九九九八——五號
印刷所　三民書局股份有限公司
門市部　復北店／臺北市復興北路三八六號
　　　　重南店／臺北市重慶南路一段六十一號
初版一刷　中華民國八十三年十一月
初版二刷　中華民國九十一年七月
　編　號　S 51031
　基本定價　伍元肆角
行政院新聞局登記證局版臺業字第〇二〇〇號

序

　　統計學是一門講授各種統計方法，以期讀者能藉由此一科學
工具來蒐集、整理、陳列與分析各不同領域所面對的問題。建議
初學者在研習統計方法時，除了仔細研讀課文及例題外，更必須
配合正文，嘗試自行解答習題，以確保對統計方法的透徹瞭解。
如此當有助於爾後能適切的使用統計方法。

　　本書係針對張健邦所著《統計學》各章習題所完成的習題題
解。相信讀者以本題解配合正文研習統計學必可收事半功倍之效。

蔡淑女

一九九四年九月

統計學題解
目　次

第一章　緒　論

1.　何謂統計學？試說明統計學的兩大部分及其意義。

【解】：

統計學(Statistics)是蒐集、整理、陳列與分析資料的一種科學方法，又可稱爲統計方法(Statistical Methods)。

統計學的兩大部分：

(1)敍述統計(Descriptive Statistics)

主要內容是蒐集、整理與陳列資料。

(2)推論統計(Inferential Statistics)

主要目的是根據所蒐集的部分群體資料對全部群體作推論。

2.　試就您日常生活所接觸的報章雜誌找出三種不同主題的統計例子。

【解】：

(參考貴校圖書館報章雜誌刊載之各類統計數據。)

3.　何謂母體？何謂樣本？試說明兩者的區別。

【解】：

母體是指所欲研究事物的全體對象。由母體隨機抽取部分群體作爲調查的對象，此一部分群體就是樣本。母體是全部群體，樣本是部分群體，因此樣本是母體的部分集合。

4. 請就下列各子題説明其母體爲何？
   (1)對臺北市市長選舉所舉辦的選民意向調查。
   (2)行政院勞工委員會調查遭遇職業災害勞工概況。
   (3)臺灣地區遊覽車營運狀況調查。
   (4)臺灣地區養豬頭數專案調查。

   【解】：
   (1)臺北市全部具有投票權的市民。
   (2)臺灣地區礦業及土石採取業、製造業、水電燃氣業、營造業、商業、運輸、倉儲及通信業；金融、保險、不動產及工商服務業；個人及社會服務業因職業災害而致殘之勞工。

      (資料來源：行政院勞工委員會編印之《遭遇職業災害勞工概況》，民國八十二年四月。調查對象發生災害期間爲民國七十六年一月一日至八十一年八月卅一日。)
   (3)臺灣地區經營遊覽車之公民營業者。
   (4)臺灣地區全體毛豬飼養戶(場)。

5. 調查八位民營企業負責人月薪(新臺幣：元)如下：
   150800, 200000, 126000, 170000,

220000,　120000,　145000,　102000

請問上述資料為樣本亦或母體？

【解】：

樣本資料。

6. 由習題5計算得到的平均月薪是參數或是統計量？

【解】：

統計量。

7. 請瞭解貴校目前使用的統計軟體有那些？

【解】：

（參考貴校計算機中心使用之統計軟體。）

8. 調查臺北市1000位居民對交通問題的看法。試問該調查的母體、樣本各為何？

【解】：

臺北市全體居民為母體，抽出的1000名居民為樣本。

第二章　資料蒐集

1. 資料按衡量尺度的不同可以分成那幾類？請解釋各類尺度的意義，並各舉一或二個例子。

【解】：

資料按衡量尺度的不同可以分成四類：

⑴名目尺度

名目尺度是指對研究的事物給予一個代號。例如，婚姻狀況可按已婚、未婚、離婚、寡居分別賦予1、2、3、4的代號來表示。

⑵順序尺度

順序尺度也是對研究的事物給予代號，但是這些代號彼此之間有順序的關係存在，不得任意調換其次序。例如，對某項產品的喜好程度可以分為很喜歡、喜歡、普通、不喜歡、很不喜歡等五級，並分別賦予代號1、2、3、4、5。

⑶區間尺度

區間尺度賦予事物的數字不但有大小的區分，而且數字與數字間的區間也是有意義的。例如，溫度計中的華氏溫度讀數就是一種區間尺度。

(4)比例尺度

比例尺度是指含有原點(零)的衡量尺度，例如，所得水
準以月薪衡量就是一種比例尺度。

2. 何謂原始資料？次級資料？

【解】：

原始資料是指由研究者專爲該研究所著手蒐集的資料。次
級資料是指由其他來源所蒐集的資料，但亦能爲目前的研
究所使用。

3. 原始資料的蒐集方式有那些？

【解】：

原始資料的蒐集方式有三類，分別爲：

(1)調查(Survey)。

(2)觀察(Observation)。

(3)實驗(Experiment)。

4. 試說明調查的方式及種類各爲何？

【解】：

調查的方式有三，分別爲：

(1)當面訪問。

(2)電話訪問。

(3)郵寄問卷。

調查的種類按結構與隱藏與否可以分爲下列四種：

(1)結構、非隱藏的調查。

(2)非結構、非隱藏的調查。

(3)結構、隱藏的調查。

(4)非結構、隱藏的調查。

5. 試舉出電話訪問的優缺點。

【解】：

　　電話訪問的調查方式是由調查中心的訪問人員以電話的方
式進行問卷資料的蒐集。其優點為快速、省時，且費用便
宜、易於監控訪問過程。缺點為受訪母體的界定不清楚、
很難進行需時較久的大型問卷、不易得到具有深度的調查
結果。

6. 試舉出郵寄問卷的優缺點。

【解】：

　　郵寄問卷的優點是能夠以較低的成本(郵費)，郵寄訪問分
散於廣大地區的受訪者，不會因訪問員素質差異而造成問
卷填答的偏差，同時受訪者有較充足的時間填答問卷。其
缺點則為回收慢、回收率低、填答正確性無法有效掌握。

7. 試舉出當面訪問的優缺點。

【解】：

　　當面訪問的優點是可以得到深入的訪問,獲得較多的訊息,
回收率較高。缺點則為會受到訪問員素質不同的影響、調

查成本較高、可能發生訪問員虛應敷衍的事情。

8. 針對母體的全部個體進行的調查稱為普查(Census)，若僅針對母體中的部分個體進行調查稱為抽樣調查(Sampling Survey)。試就我國政府部門曾經舉辦的普查及抽樣調查各舉一例。

【解】：

臺灣省政府農林廳的《臺灣地區農家戶口抽樣調查報告》為政府部門辦理的年度抽樣調查例子。

行政院主計處的《中華民國七十四年臺閩地區工商業普查各縣市報告》為政府部門辦理的普查例子。

第三章　問卷設計

1. 何謂問卷? 請蒐集一份問卷樣張。

【解】:

　　爲蒐集資料所使用的問題格式或表格稱爲問卷。各觀光飯店或旅館的客戶滿意調查問卷可以作爲樣張。

2. 試簡短列出問卷設計的七個步驟。

【解】:

　　問卷設計的七個步驟爲:

　(1)根據調查的目的確認應蒐集那些資料, 以及蒐集來的資料擬使用那些統計方法進行分析。

　(2)決定採用何種調查方式——當面訪問、電話訪問、郵寄問卷。

　(3)決定問問題及回答時所使用的型態或格式。這包括開放型及封閉型的問題。

　(4)決定問題所使用的文字表達字眼。

　(5)決定問題順序及問卷整體安排。

　(6)考量問卷訴求的最大化。

　(7)進行問卷的預先測試、修正及問卷最後定案。

3. 開放型問題與封閉型問題各有何優缺點?

【解】:

開放型問題的優點是容許受訪者以自己的話自由作答，使
受訪者能有較寬廣的空間表達自己的意思。缺點是問卷資
料的整理非常不容易，而且資料也不易量化。此外，也可
能會出現教育程度高的受訪者在作答時比較能表達其看
法，如此可能造成調查資料蒐集的不平衡。

封閉型問題的問題與答案都是結構性的，因此易於量化，
不會因受訪者教育程度高低而出現偏頗的現象，至於缺點
則是局限了受訪者的表達空間。

4. 試舉出五種封閉型問題的型態。

【解】:

(1)多選題──由受訪者就多個答案選項中圈選一項。

(2)二選題──答案選項僅有兩個。

(3)等級排序題──要求受訪者將所列的項目依個人觀點給
予等級順序。

(4)複選題──受訪者就列出的選項依個人觀點選出合適的
選項。

(5)量表題──給予受訪者答覆問題的量表，用以衡量對問
題觀感的強度。

5. 何謂前導性的問題?

【解】:

前導性的問題是指在問題中隱含或提示了受訪者填答的答案。

6.　何謂引導性的問題？

【解】：

引導性的問題是指問題的目的在於獲得受訪者的認同。

7.　問卷預先測試的目的為何？

【解】：

預先測試問卷的目的在於藉由測試受訪者的填答中找出是否有用字或語意混淆的題目，是否有問題的選項不周延或多餘的情形。

第四章　資料整理

1. 何謂編校？在編校過程中可能遇到那些狀況？

【解】：

編校是指對所蒐集的原始資料找出錯誤予以更正，或對遺漏值進行探究及處理的過程。

編校的過程可能遇到的狀況有：

(1)問卷填答的字跡模糊，難以辨認。

(2)訪問員捏造的問卷填答內容。

(3)填答問卷內容前後不一致。

(4)填答不完整。

2. 何謂編碼？編碼的原則為何？

【解】：

編碼是指將問卷的答案選項以字母或數字等代碼來表示，以便於資料的整理與分析。

編碼的原則為：

(1)互斥。

(2)周延。

(3)相等組距。

　　　　⑷分組不可太少或太多。

　　　　⑸組內同質，組間異質。

　　　　⑹不用開放組。

3. 何謂編碼手冊？

【解】：

　　　　編碼手冊是指為了便於編碼，調查研究者會將問卷的全部
　　　　題目及各題的可能答案的代碼以及對應的欄位等以書面的
　　　　形式列出。

4. 資料整理的三項工作為何？

【解】：

　　　　資料整理的三項工作分別為：

　　　　⑴編校。

　　　　⑵編碼。

　　　　⑶列表。

5. 電腦硬體的四個部分為何？ 電腦軟體分為那兩類？

【解】：

　　　　電腦硬體的四個部分為：

　　　　⑴輸入裝置。

　　　　⑵輸出裝置。

　　　　⑶儲存裝置。

　　　　⑷主記憶體及中央處理單元。

電腦軟體分為:

(1)系統軟體。

(2)應用軟體。

第五章　敘述統計量

1. 八家連鎖超市上個月的營業額(單位：萬元)為：

   30, 65, 70, 83, 86, 88, 95, 95

   (1)試計算平均數、中位數及眾數。

   (2)試計算變異數、全距、標準差。

   (3)請就平均數、中位數及眾數三者，說明何者較具集中趨勢的代表性？

【解】：

   因為是所有八家連鎖超市的資料，故為母體資料。

   (1)平均數 $\mu = \dfrac{(30+65+70+83+86+88+95+95)}{8}$

   $\qquad\qquad = \dfrac{612}{8}$

   $\qquad\qquad = 76.5$ （萬元）

   中位數 $Md = \dfrac{(83+86)}{2} = \dfrac{169}{2} = 84.5$ （萬元）

   眾數　$M_o = 95$ （萬元）

   (2)變異數 $\sigma^2 = \dfrac{\sum\limits_{i=1}^{N} x_i^2}{N} - \mu^2$

$$= \frac{(30^2 + 65^2 + 70^2 + 83^2 + 86^2 + 88^2 + 95^2 + 95^2)}{8} - 76.5^2$$

$$= \frac{50104}{8} - 5852.25$$

$$= 410.75 \text{（萬元平方）}$$

全距 $R = 95 - 30 = 65$ （萬元）

標準差 $\sigma = \sqrt{410.75} = 20.27$ （萬元）

(3)平均數被極小值 30 拉低了，而眾數出現在最高值 95，故兩者在此不適合代表集中趨勢。中位數沒有上述的缺點，較具集中趨勢的代表性。

2. 試計算下列資料的中位數，上四分位數，及下四分位數。

18, 12, 11, 19, 22, 21, 17, 9, 25, 13, 5, 9

【解】：

將上述資料按大小順序排列後為：

5, 9, 9, 11, 12, 13, 17, 18, 19, 21, 22, 25

樣本數 $n = 12$。

(1)中位數 $md = \frac{(13+17)}{2} = 15$

(2)上四分位數：$nP = 12 \times 25\% = 3$

$$Q_1 = x(P = 25\%) = \frac{x_{(3)} + x_{(4)}}{2}$$

$$= \frac{(9+11)}{2}$$

$$= 10$$

(3)下四分位數: 因爲 $nP=12\times75\%=9$, 所以

$$Q_3=x(P=75\%)=\frac{x_{(9)}+x_{(10)}}{2}$$

$$=\frac{(19+21)}{2}$$

$$=20$$

3. 下列資料爲民國八十二年一月至十二月的新臺幣對美元匯率:(資料來源:《中華民國統計月報》, 民國八十三年五月, 行政院主計處編印。)

25.48, 25.82, 26.11, 25.91, 26.09, 26.39, 26.94, 26.95, 26.92, 26.86, 26.93, 26.63

試計算下列各子題:

(1)內四分位距、中位數。

(2)標準差、變異係數。

【解】:

將資料由小到大排列後得:

25.48　25.82　25.91　26.09　26.11　26.39

26.63　26.86　26.92　26.93　26.94　26.95

(1)上四分位數 $Q_1=\dfrac{(25.91+26.09)}{2}=26$

下四分位數 $Q_3=\dfrac{(26.92+26.93)}{2}=26.925$

所以內四分位距

$$IQR=Q_3-Q_1$$

$$=26.925-26$$

$$=0.925$$

$$中位數\,md=\frac{(26.39+26.63)}{2}=26.51$$

$$(2)\,\bar{x}=\frac{\sum\limits_{i=1}^{n}x_i}{n}$$

$$=\frac{(25.48+25.82+25.91+\cdots+26.95)}{12}$$

$$=\frac{317.03}{12}$$

$$=26.4192$$

$$標準差\,s=\sqrt{\frac{\sum\limits_{i=1}^{n}x_i^2-n\bar{x}^2}{n-1}}$$

$$=\sqrt{\frac{(25.48^2+25.82^2+\cdots+26.95^2)-12\times26.4192^2}{12-1}}$$

$$=0.5230$$

$$變異係數\,cv=\frac{s}{\bar{x}}\times100\%$$

$$=\frac{0.5230}{26.4192}\times100\%$$

$$=1.98\%$$

4.　下列資料爲臺北市及高雄市在民國七十三年至八十二年的垃圾平均每日清運量(公噸)：

臺北市	2292.2	2529.9	2684.3	2652.2	2893.2	3138.3
高雄市	1083.8	1315.1	1247.8	1245.4	1241.2	1320.9

臺北市	3342.5	3435.6	3561.1	3710.6
高雄市	1476.0	1522.8	1705.6	1851.0

（資料來源：《中華民國統計月報》，民國八十三年五月，行政院主計處編印。）

試比較北、高兩市平均每日垃圾清運量的變化在這十年來何者較大？

【解】：

要比較北、高兩市平均每日垃圾清運量的變化，應採衡量兩市垃圾清運量相對變異大小的變異係數。令 $\bar{x}_1$、s_1 及 $\bar{x}_2$、s_2 分別代表兩市資料的樣本平均數及樣本標準差。則

$$\bar{x}_1 = \frac{(2292.2 + 2529.9 + \cdots + 3710.6)}{10}$$

$$= \frac{30239.9}{10}$$

$$= 3023.99$$

$$s_1 = \sqrt{\Sigma(x_{1i} - \bar{x}_1)^2/(10-1)}$$

$$= \frac{1}{3}[(2292.2 - 3023.99)^2 + (2529.9 - 3023.99)^2 + \cdots$$

$$+ (3710.6 - 3023.99)^2]^{1/2}$$

$$= \sqrt{232691.5}$$

$$= 482.381$$

$$\bar{x}_2 = \frac{(1083.8 + 1315.1 + \cdots + 1705.6 + 1851.0)}{10}$$

$$= 1400.96$$

$$s_2 = \sqrt{\frac{1}{9}\left(\Sigma x_{2i}^2 - n\bar{x}_2^2\right)}$$

$$= [\frac{1}{9}(20130259 - 10 \times 1400.96^2)]^{1/2}$$

$$= [\frac{1}{9} \times 503369.7]^{1/2}$$

$$= \sqrt{55929.96}$$

$$= 236.4952$$

所以 $cv_1 = \frac{s_1}{\bar{x}_1} \times 100\%$

$$= \frac{482.381}{3023.99} \times 100\%$$

$$= 15.95\%$$

$$cv_2 = \frac{s_2}{\bar{x}_2} \times 100\%$$

$$= \frac{236.4952}{1400.96} \times 100\%$$

$$= 16.88\%$$

因為 $cv_1 < cv_2$ 所以高雄市平均每日垃圾清運量的變化在這十年較大。

5. 試根據習題 3 的匯率資料，計算樣本資料的
   (1)皮爾生偏態係數。

(2)以三級動差定義的偏態係數。

【解】：

　　根據習題 3 的結果得到

$$\bar{x}=26.4192,\ s=0.5230,\ md=26.51$$

(1)皮爾生偏態係數

$$SK_p=3(\bar{x}-md)/s$$
$$=3\times(26.4192-26.51)/0.5230$$
$$=-0.521$$

$$(2)sk=\frac{\sum_{i=1}^{n}(x_i-\bar{x})^3/(n-1)}{s^3}$$

$$=\frac{-0.5959174/(12-1)}{0.523^3}$$

$$=-0.379$$

6. 下列資料為中國大陸的鐵路客運每旅客平均運距（公里）：

西元	1981	1982	1983	1984	1985	1986	1987	1988	1989
公里	156	159	169	182	218	241	255	268	269

西元	1990	1991
公里	275	300

（資料來源：《主要國家交通統計比較》，民國八十二年十二月，
　　　　　交通部統計處編印。）

試計算樣本資料的

　　(1)峯度係數。

　　(2)偏態係數。

【解】：

　　根據資料計算

$$\bar{x}=\frac{1}{11}(156+159+\cdots+275+300)$$

$$=\frac{2492}{11}$$

$$=226.5455$$

$$s=\sqrt{\frac{\Sigma(x_i-\bar{x})^2}{11-1}}$$

$$=\sqrt{2719.073}$$

$$=52.14473$$

　　(1)峯度係數

$$ck=\frac{\Sigma(x_i-\bar{x})^4/10}{s^4}$$

$$=\frac{102016780/10}{52.14473^4}$$

$$=1.3798$$

　　(2)偏態係數

$$sk=\frac{\Sigma(x_i-\bar{x})^3/10}{52.14473^3}$$

$$=\frac{-25491.94}{52.14473^3}$$

$$=-0.1798$$

7. 試根據習題 6 的資料，計算第 3 十分位數、第 6 十分位數。

【解】：

根據第 6 題資料，$n=11$。

$$3\times11/10=3.3, \quad \lceil 3.3 \rceil =4$$
$$6\times11/10=6.6, \quad \lceil 6.6 \rceil =7$$

第 3 十分位數為 $x_{(4)}=182$，

第 6 十分位數為 $x_{(7)}=255$。

8. 民國八十年至八十二年的消費者物價指數年增率(％)分別為 3.62、4.47、2.94。（資料來源：《中華民國統計月報》，民國八十三年五月，行政院主計處編印。）

試計算這三年期間消費者物價指數年增率的幾何平均數。

【解】：

根據幾何平均數的定義，知道

$$x_1=1+0.0362=1.0362$$
$$x_2=1+0.0447=1.0447$$
$$x_3=1+0.0294=1.0294$$

所以幾何平均數為

$$g=(1.0362\times1.0447\times1.0294)^{1/3}$$
$$=1.0367$$

因此這三年期間幾何平均的消費者物價年增率為

$$g-1=0.0367$$

或 3.67％。

9. （由全距估計標準差公式爲：標準差 $\approx$ 全距／4）

　　已知統計學成績的最高分及最低分爲 98 及 62，試估計標準差爲何？

【解】：

　　　全距 $R=98-62$

　　　　　$=36$（分）

　　由全距估計標準差爲

　　　　　$\sigma \approx R/4$

　　　　　$=36/4$

　　　　　$=9$（分）

第六章　統計圖表

1. 何謂統計表? 統計表可以分爲那幾種?

【解】:

　　根據選定的標準將全部資料分成適當的組別數，並依此一
選定的標準將全部資料一一歸屬到所屬的組別內，計算各
組別內資料出現的次數。此種將組別及對應次數以表格方
式呈現出來以傳達資料訊息的方式稱爲統計表。

　　統計表可分爲:

　　(1)次數分配。

　　(2)相對次數分配。

　　(3)累積次數分配。

　　(4)累積相對次數分配。

2. 將個數爲 60 的資料分組，試建議可分成幾組?

【解】:

　　根據分組的組數公式，得

$$組數 = [2 \times 60]^{0.3333}$$

$$= 4.93$$

$$\approx 5 \ (組)$$

3. 建立次數表的原則爲何？

【解】：

建立次數表的原則爲：

(1)周延——全部資料都可歸屬到其中的一個組內。

(2)互斥——各組彼此間沒有交集，各資料值僅能歸屬到其中的一個組，無法同時屬於二個或以上的組。

4. 試列出六種常見的統計圖。

【解】：

(1)直方圖。

(2)次數多邊圖。

(3)肩形圖。

(4)圓瓣圖。

(5)條圖。

(6)線圖。

5. 某保險公司招收業務員，第五梯次有五十名應徵者參加性向測驗，其分數如下：

70	78	94	80	96	92	71	75	84	74
84	66	71	82	78	77	91	76	67	68
89	92	90	89	83	66	71	96	67	84
89	84	74	63	63	86	81	71	71	68
63	91	89	78	88	84	80	82	87	79

．試根據上述資料，建立次數表。

【解】：

首先找出 50 名應徵者性向測驗的最高及最低分數，分別爲 96 及 63，因此全距爲 $96-63=33$。然後根據資料個數 $n=50$ 決定組數，即

$$組數 = [2 \times 50]^{0.3333}$$
$$= 4.64$$

取整數，因此建議組數分成 5 組。第二步，根據全距 33 及組數 5，計算得

$$組距 = 33/5 = 6.6$$

建議組距爲 7。由於資料最小值爲 63，最大值爲 96，因此可以取第一組下組界爲 62，上組界爲 $62+7=69$。以此類推，第二組至第五組的下、上組界分別爲 69～76、76～83、83～90、90～97。以 x 代表性向測驗分數，則各組組界爲：

組別	組界（分數）
1	$62 \leq x < 69$
2	$69 \leq x < 76$
3	$76 \leq x < 83$
4	$83 \leq x < 90$
5	$90 \leq x < 97$

將全部資料逐一登錄到所屬組別內得各組劃記及次數表如下：

組別	組界（分數）	劃記	次數
1	$62 \le x < 69$	/// ////	9
2	$69 \le x < 76$	/// ////	9
3	$76 \le x < 83$	/// /// /	11
4	$83 \le x < 90$	/// /// ///	13
5	$90 \le x < 97$	/// ////	8
總計			50

6. 根據習題 5 所建立的次數表，計算分組資料的下列敍述統計量：

(1)平均數。

(2)中位數。

(3)第 1 四分位數。

(4)標準差。

(5)眾數。

【解】：

由習題 5 所建立的性向測驗分數表計算各敍述統計量如下：

(1)平均數

由組界找出各組組中點分別為 $M_1 = 65.5$, $M_2 = 72.5$, M_3

$=79.5$, $M_4=86.5$, $M_5=93.5$。各組對應的次數分別爲f_1 $=9$, $f_2=9$, $f_3=11$, $f_4=13$, $f_5=8$。總次數$n=\sum\limits_{i=1}^{5}f_i=9+9$ $+11+13+8=50$。所以平均數爲

$$\bar{x}=\frac{\sum\limits_{i=1}^{r}f_iM_i}{n}$$

$$=\frac{9\times65.5+9\times72.5+11\times79.5+13\times86.5+8\times93.5}{50}$$

$$=79.78$$

⑵中位數

首先找出中位數所在組。由於小於 76 的次數與總次數的比爲$(9+9)/50=0.36$，而大於或等於 83 的次數與總次數的比爲$(13+8)/50=0.42$。因此，中位數所在組爲第三組，其下組界及上組界分別爲 76 及 83，即 $L_m=76$, $U_m=83$。至於中位數所在組的次數爲 $f_m=11$，小於中位數所在組下組界L_m 的次數爲 $F_m=9+9=18$。代入中位數公式得

$$中位數=L_m+\frac{\frac{n}{2}-F_m}{f_m}(U_m-L_m)$$

$$=76+\frac{\frac{50}{2}-18}{11}(83-76)$$

$$=80.455$$

⑶第 1 四分位數

第 1 四分位數就是第 25 百分位數，所以 $P=25$。首先決定第 25 百分位數所在組。由於小於 69 的次數與總次數的比為 $9/50=0.18$，而大於或等於 76 的次數與總次數的比為 $(11+13+8)/50=0.64$。因此第 25 百分位數所在組為第二組，其下組界 $L_P=69$，上組界 $U_P=76$。至於第 25 百分位數所在組的次數為 $f_P=9$，小於第 25 百分位數所在組下組界 L_P 的次數為 $F_P=9$。代入百分位數公式得

$$第 25 百分位數 = 69 + \frac{\frac{50 \times 25}{100} - 9}{9}(76-69)$$

$$= 71.72$$

即第 1 四分位數為 71.72。

(4)標準差

由於分組資料的平均數為 $\bar{x}=79.78$，且各組次數為 $f_1=9$, $f_2=9$, $f_3=11$, $f_4=13$, $f_5=8$，**總次數 $n=50$**。各組組中點為 $M_1=65.5$, $M_2=72.5$, $M_3=$**79.5**, $M_4=86.5$, $M_5=93.5$。代入標準差公式得

$$s = \sqrt{\frac{\sum\limits_{i=1}^{r} f_i M_i^2 - n\bar{x}^2}{n-1}}$$

$$= \sqrt{\frac{(9 \times 65.5^2 + 9 \times 72.5^2 + 11 \times 79.5^2 + 13 \times 86.5^2 + 8 \times 93.5^2) - 50 \times 79.78^2}{50-1}}$$

$$= 9.48$$

(5)衆數

分組資料中出現次數最高的眾數組為第四組，其次數為 13。該組組中點為 86.5，所以分組資料的眾數為 86.5。

7. 根據習題 5 所建立的次數表，建立：

(1)相對次數表。

(2)累積次數表。

(3)累積相對次數表。

【解】：

根據習題 5 的次數表建立其他各表如下：

(1)相對次數表

將各組次數除以總次數 $n=50$，即得各組相對次數。所以相對次數表為：

組別	組界 (分數)	相對次數
1	$62 \leq x < 69$	0.18
2	$69 \leq x < 76$	0.18
3	$76 \leq x < 83$	0.22
4	$83 \leq x < 90$	0.26
5	$90 \leq x < 97$	0.16
總計		1.00

(2)累積次數表

組別	組界（分數）	累積次數
1	$62 \le x < 69$	9
2	$69 \le x < 76$	18
3	$76 \le x < 83$	29
4	$83 \le x < 90$	42
5	$90 \le x < 97$	50

(3)累積相對次數表

組別	組界（分數）	累積相對次數
1	$62 \le x < 69$	0.18
2	$69 \le x < 76$	0.36
3	$76 \le x < 83$	0.58
4	$83 \le x < 90$	0.84
5	$90 \le x < 97$	1.00

8. 根據習題6所建立的次數表及習題7的相對次數表、累積次數表、累積相對次數表，繪製下列各統計圖：

(1)次數直方圖。

(2)相對次數直方圖。

(3)累積次數直方圖。

(4)累積相對次數直方圖。

(5)次數多邊圖。

【解】：

 (1) 50 名應徵者性向測驗次數直方圖

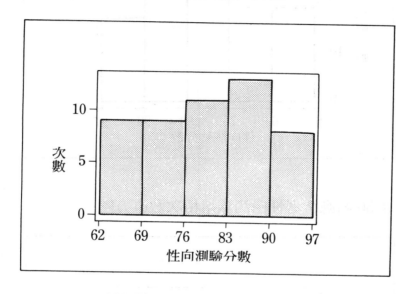

（下頁續）

(2) 50 名應徵者性向測驗相對次數直方圖

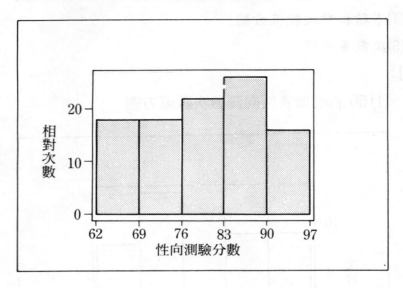

(3) 50 名應徵者性向測驗累積次數直方圖

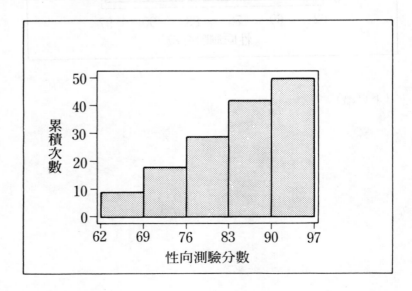

⑷ 50 名應徵者性向測驗累積相對次數直方圖

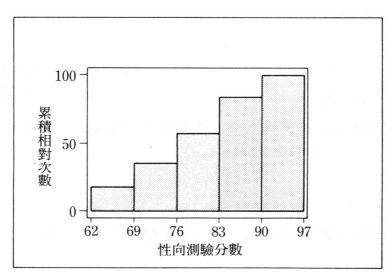

⑸ 50 名應徵者性向測驗次數多邊圖

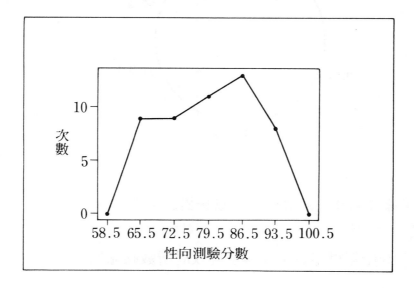

9. 試根據下列世界各主要國家於西元 1991 年的郵政局所數, 繪製圓瓣圖。

國　　名	德國	美國	日本	英國	中國大陸	加拿大
郵政局所數	26135	39985	24181	20306	51544	18210

(資料來源:《主要國家交通統計比較》, 民國八十二年十二月,
交通部統計處編印。)

【解】:

1991 年世界各主要國家郵政局所數圓瓣圖如下:

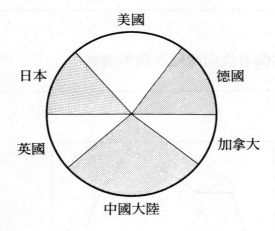

10. 根據習題 9 所列資料, 繪製條圖。

【解】:

1991 年世界各主要國家郵政局所數條圖如下:

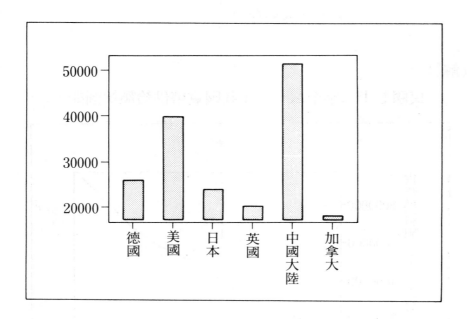

11.　試根據民國七十二年至八十二年的我國貨幣供給額Ｍ2(新
　　臺幣：百萬元)，繪製線圖。

民國（年）	72	73	74	75	76
貨幣供給額M2	1568424	1939116	2356096	2901887	3679103

民國（年）	77	78	79	80	81
貨幣供給額M2	4493613	5250680	5834381	6749409	8098627

民國（年）	82
貨幣供給額M2	9440845

(資料來源：《中華民國統計月報》，民國八十三年五月，行政

院主計處編印。）

【解】：

　　民國七十二年至八十二年我國貨幣供給額線圖如下：

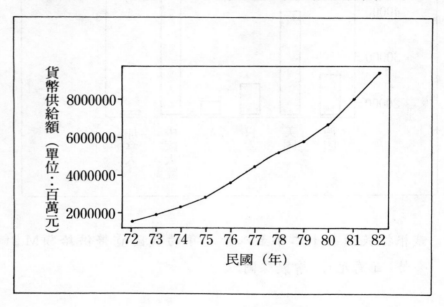

12.　根據習題 5 性向測驗資料，建立下列各圖。

　　(1)莖葉圖。

　　(2)箱形圖。並列出 H 分散、樞紐值及內、外籬。

【解】：

　　根據習題 5 性向測驗資料，建立下列圖示：

　　(1)莖葉圖

　　　　定義莖的位數為十位數，葉的位數為個位數，可得莖葉
圖如下：

9	6	333667788
24	7	011111445678889
(18)	8	0012234444446789999
8	9	01122466

由於上圖中各莖下的葉過多，也可將個位數(葉)按 0～4 及 5～9 分成相同十位數(莖)的兩枝表示，於是莖葉圖成爲：

3	6	333
9	6	667788
17	7	01111144
24	7	5678889
(11)	8	00122344444
15	8	6789999
8	9	011224
2	9	66

(2)箱形圖

　　樣本數 $n = 50$，所以中位數所在位置爲

$$\frac{50+1}{2} = 25.5$$

取整數得 $i(M) = 25$。根據 $i(M)$ 決定樞紐值位置

$$i(H) = \frac{i(M)+1}{2}$$

$$=\frac{25+1}{2}$$

$$=13$$

由排序後的資料(參閱本題(1)莖葉圖)找到上、下樞紐值為第 13 個位置對應數值的平均數，即

下樞紐值＝71

上樞紐值＝88

於是 H 分散為

H 分散＝上樞紐值－下樞紐值

$$=88-71$$

$$=17$$

內、外籬分別為：

下內籬＝$71-1.5\times(17)=45.5$

上內籬＝$88+1.5\times(17)=113.5$

下外籬＝$71-3.0\times(17)=20$

上外籬＝$88+3.0\times(17)=139$

繪製成箱形圖如下：

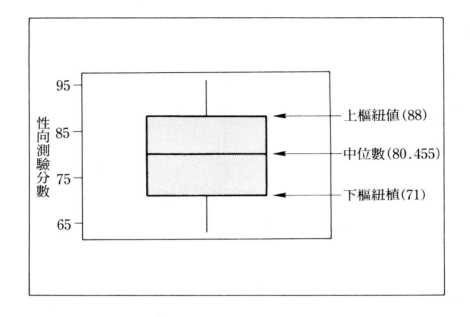

第七章　機　率

1. 何謂隨機試驗？試舉一隨機試驗例子。

【解】：

　　隨機試驗是一項在多個可能的試驗結果中僅會發生其中一種結果的試驗。由於在試驗之前無法預知何種結果會發生，所以稱爲隨機試驗，亦即發生結果是不確定的一項試驗。例如從一副 52 張紙牌中隨機抽出兩張紙牌的試驗。

2. 何謂樣本空間？樣本空間具有何種性質？

【解】：

　　隨機試驗的發生結果是不確定的，爲了決定隨機試驗中各種結果發生的可能性，必須對隨機試驗的全部可能結果加以定義，此即樣本空間。所以樣本空間是由隨機試驗的全部可能結果形成。

　　樣本空間涵蓋了全部隨機試驗的可能結果，因此具有周延性；爲了避免重複計算，樣本空間中任何兩種可能結果不能同時出現，此一性質稱爲互斥。

3. 何謂機率？其基本性質爲何？

【解】：

隨機試驗中任一事件 A 發生的可能性稱爲此一事件發生的機率，以 $P(A)$ 表示。

機率的基本性質有三：

(1)令 $E_1, E_2, \cdots, E_n$ 代表樣本空間 S 的所有簡單事件，則任一簡單事件 E_i 的機率滿足

$$0 \leq P(E_i) \leq 1$$

(2)全部簡單事件的機率和滿足

$$\sum_{i=1}^{n} P(E_i) = 1$$

(3)若事件 A 是由 $E_1, E_2, \cdots, E_k$ 的 k 個簡單事件集合而成，則事件 A 的機率滿足

$$P(A) = P(E_1) + P(E_2) + \cdots + P(E_k)$$
$$= \sum_{i=1}^{k} P(E_k)$$

4. 決定樣本空間中各事件機率的方法有幾種？

【解】：

方法有三：

(1)古典方法——事件機率值的決定是根據隨機試驗的邏輯必然性推演得到。

(2)相對次數方法——本法是根據長期重複試驗以求得事件發生的次數 x 占總試驗次數 n 的比例做爲該事件發生的機率值。

(3)主觀方法──根據個人主觀的看法來決定事件的機率。

5.　何謂獨立事件？何謂互斥事件？各舉一例說明。

【解】：

⑴若事件 A 發生機率不受 B 事件發生的影響，而且 B 事件發生機率也不受 A 事件發生的影響，即

$$P(A|B)=P(A)$$
$$P(B|A)=P(B)$$

則 A、B 兩事件相互獨立。

例如：擲一粒骰子兩次，第一次出現點數爲偶數的事件與第二次出現奇數的事件是相互獨立。

⑵若 A 事件發生則 B 事件必不發生；同理，B 事件發生則 A 事件必不發生，此時 A 事件與 B 事件爲互斥的兩事件。亦即，

$$P(A)\neq 0, \qquad P(B)\neq 0$$
$$且 P(B|A)=0, \qquad P(A|B)=0$$

例如：擲一粒骰子一次，出現偶數的事件與出現奇數的事件互斥。

6.　教師在同樂會上由 50 名同學中抽出一名學生頒發特別獎的試驗。試回答下列問題：

⑴樣本空間中有多少個可能的簡單事件？

⑵應以何種方法來決定樣本空間中各事件的機率？

【解】：

　　　　(1) 50 個。

　　　　(2)古典方法。

7.　由 52 張紙牌隨機抽取一張牌，試決定下列各子題的機率。

　　(1)抽到 Q 或 K 的機率。

　　(2)抽到黑桃 7 的機率。

　　(3)抽到人面牌(K，Q，J)的機率。

【解】：

$$(1)\ \frac{8}{52}=\frac{2}{13}$$

$$(2)\ \frac{1}{52}$$

$$(3)\ \frac{3\times4}{52}=\frac{3}{13}$$

8.　由 52 張紙牌隨機抽取一張牌，令事件 A 為抽出紅心的事件，

　　事件 B 為抽出人面牌的事件，事件 C 為抽出梅花的事件。試回

　　答下列各子題：

　　(1)事件 A 與事件 B 是否獨立？

　　(2)事件 A 與事件 C 是否互斥？

【解】：

$$P(A)=\frac{13}{52}=\frac{1}{4}$$

$$P(B)=\frac{12}{52}=\frac{3}{13}$$

$$P(C) = \frac{13}{52} = \frac{1}{4}$$

(1)$P(A \cap B) = P(\text{紅心人面牌})$

$$= \frac{3}{52}$$

$$= P(A)P(B)$$

$$= \frac{1}{4} \times \frac{3}{13}$$

所以 A、B 兩事件獨立。

(2)$P(A \cap C) = 0 \neq P(A)P(C)$

所以 A、C 兩事件互斥。

9. 若$P(A) = 0.5$，$P(B) = 0.6$，且$P(A \cap B) = 0.15$，試計算下列各子題的機率。

(1)$P(A|B) = ?$

(2)$P(A \cup B) = ?$

【解】：

(1)$P(A|B) = P(A \cap B)/P(B)$

$$= 0.15/0.6$$

$$= 0.25$$

(2)$P(A \cup B) = P(A) + P(B) - P(A \cap B)$

$$= 0.5 + 0.6 - 0.15$$

$$= 0.95$$

10. 某公司有三種投資方案以A_1, A_2及A_3表示，各方案採行的機率分別為 0.3, 0.5 及 0.2。假設採行方案A_1而虧損的機率為 0.15, 採行方案A_2而虧損的機率為 0.22, 採行方案A_3而虧損的機率為 0.10。試問採行何種方案可以有最小的虧損機率？

【解】：

已知事前機率

$$P(A_1)=0.3,\ P(A_2)=0.5,\ P(A_3)=0.2$$

條件機率為：

$$P(B|A_1)=0.15,\ P(B|A_2)=0.22,\ P(B|A_3)=0.10$$

可求得事後機率——在虧損之下採各方案的機率為：

$$P(A_1|B)=\frac{P(A_1)P(B|A_1)}{\sum\limits_{i=1}^{3}P(A_i)P(B|A_i)}$$

$$=\frac{0.3\times0.15}{0.3\times0.15+0.5\times0.22+0.2\times0.10}$$

$$=\frac{45}{175}=\frac{9}{35}$$

$$P(A_2|B)=\frac{110}{175}=\frac{22}{35}$$

$$P(A_3|B)=\frac{20}{175}=\frac{4}{35}$$

所以採行第三投資方案 A_3 會有最少的虧損機率。

11. 調查臺灣地區十五歲以上人口過去一年是否有兩天以上旅行或出國觀光人數，按性別建立下列兩種屬性人數表：

兩天以上旅行或出國觀光者	性別		列總和
	男	女	
有	4422	4459	8881
無	2874	2814	5688
行總和	7296	7273	14569

(資料來源:《國民休閒生活調查報告》, 民國八十一年六月,
　行政院主計處編印。)

試根據上列人數表, 回答下列問題:

(1)建立有無兩天以上旅行或出國觀光者與男女性別的聯合機率表。

(2)計算有兩天以上旅行或出國觀光者中是男性的條件機率。

(3)計算沒有兩天以上旅行或出國觀光者中是女性的條件機率。

【解】:

令屬性A為性別, 屬性B為兩天以上旅行或出國觀光者。

(1)

性別	兩天以上旅行或出國觀光者		邊際機率
	有	無	
男	4422	2874	7296
女	4459	2814	7273
邊際機率	8881	5688	14569

$$(2) P(A_1|B_1) = \frac{P(A_1 \cap B_1)}{P(B_1)} = \frac{4422}{8881} = 0.4979$$

$$(3) P(A_2|B_2) = \frac{P(A_2 \cap B_2)}{P(B_2)} = \frac{2814}{5688} = 0.4947$$

12. 某銀行根據過去客户提存款記錄，列出該行每日現金需求的可能情形及對應機率如下：

現金需求額度(萬元)	0~200	201~500	501~700	701~1000
機 率	0.25	0.35	0.30	0.10

試回答下列問題：

(1)該行某日需求現金額度超過500萬元的機率爲何？

(2)由於年節關係，該行已知某日現金需求會超過500萬元，試問該日現金需求超過700萬元的機率爲何？

【解】：

令 X 表需求現金額度。

(1)某日需求現金額度超過500萬元的機率為

$$P(X>500)=P(501\le X\le 700)+P(701\le X\le 1000)$$
$$=0.3+0.10$$
$$=0.40$$

(2)$P(X>700|X>500)=\dfrac{P(X>700)}{P(X>500)}$

$$=\dfrac{0.1}{0.4}$$
$$=0.25$$

13.　在一項擲鏢比賽中,某選手每支鏢能射中紅心的機率為0.40。如果該選手擲4支鏢, 試計算下列各子題的機率。

(1)4支鏢皆射中紅心。

(2)至少有一支鏢射中紅心。

(3)4支鏢都沒有射中紅心。

(4)至多有3支鏢射中紅心。

【解】：

P(射中紅心的機率)$=0.4$, 令 X 表射中紅心的鏢數, 則

(1)　$P(X=4)=\dbinom{4}{4}(0.4)^4$

$$=0.0256$$

(2)　$P(X\ge 1)=1-P(X=0)$

$$=1-(1-0.4)^4$$

$$=0.8704$$

(3)　$P(X=0)=(1-0.4)^4$

$$=0.1296$$

(4)　$P(X\geq3)=P(X=3)+P(X=4)$

$$=\binom{4}{3}(0.4)^3(1-0.4)^1+0.0256$$

$$=0.1536+0.0256$$

$$=0.1792$$

第八章　離散機率分配

1. 何謂隨機變數? 何謂離散隨機變數?

【解】:

　　隨機變數是將隨機試驗的樣本空間中各簡單事件以數值來表示的函數。例如擲一枚公正硬幣的隨機試驗其樣本空間為 $S = \{正面, 反面\}$，令隨機變數 X 為將樣本空間的簡單事件映至數字 $\{1, 0\}$ 的函數，即

$$X: 正面 \to 1$$
$$X: 反面 \to 0$$

而 $P(正面) = P(X = 1) = \dfrac{1}{2}$

$P(反面) = P(X = 0) = \dfrac{1}{2}$。

　　如果隨機變數將隨機試驗的樣本空間中各簡單事件以有限的或可計數的無限數來表示，則此種隨機變數稱爲離散隨機變數。

2. 離散機率分配的性質爲何?

【解】:

離散機率分配的性質有二：

⑴就所有變數值 x 而言，其對應機率介於0與1之間，即
$$0 \le P(x) \le 1$$

⑵所有變數值所對應的機率和爲1，即
$$\sum_x P(x) = 1$$

3. 何謂期望值？何謂變異數？

【解】：

⑴期望值可以視爲隨機變數各可能值以相對次數加權所得到的平均數，因此期望值 $E(X)$ 就是母體平均數 μ，其定義式爲
$$E(X) = \sum_x x P(x)$$

⑵變異數能在不確定狀態下用來衡量變數值散布範圍的大小。若 X 爲離散隨機變數，其機率分配爲 $P(x)$，則隨機變數 X的變異數爲
$$\sigma^2 = V(X) = E[(X-\mu)^2]$$
$$= \sum_x (x-\mu)^2 P(x)$$

4. 令隨機變數X的變數值x與對應的機率$P(X=x)$分別爲：

$X=x$	0	1	2	3
$P(X=x)$	0.5	0.3	0.1	0.1

試回答下列各子題：

(1) $P(X \geq 2) = ?$

(2) 期望值 $E(X) = ?$

(3) 變異數 $\sigma^2 = ?$

(4) 標準差 $\sigma = ?$

【解】：

$$(1)\, P(X \geq 2) = \sum_{x=2}^{3} P(x)$$

$$= P(2) + P(3)$$

$$= 0.1 + 0.1$$

$$= 0.2$$

$$(2)\, E(X) = \sum_{x=0}^{3} x P(x)$$

$$= 0 \times 0.5 + 1 \times 0.3 + 2 \times 0.1 + 3 \times 0.1$$

$$= 0.3 + 0.2 + 0.3$$

$$= 0.8$$

$$(3)\, \sigma^2 = E[(X - \mu)^2]$$

$$= \sum_{x=0}^{3} (x - \mu)^2 P(x)$$

$$= (0 - 0.8)^2 \times 0.5 + (1 - 0.8)^2 \times 0.3 + (2 - 0.8)^2 \times 0.1$$

$$+ (3 - 0.8)^2 \times 0.1$$

$$= 0.32 + 0.012 + 0.144 + 0.484$$

$$= 0.96$$

$$(4)\, \sigma = \sqrt{\sigma^2} = 0.9798$$

5. 根據習題4的機率函數, 計算下列各子題:

(1) $E(5X+3)=?$

(2) $V(2X+3)=?$

【解】:

$$(1) E(5X+3)=5E(X)+3$$
$$=5\times0.8+3$$
$$=7$$

$$(2) V(2X+3)=2^2 V(X)$$
$$=4 V(X)$$
$$=4\times0.96$$
$$=3.84$$

6. 試根據離散機率分配的性質, 決定下列各子題所列的函數是否滿足離散機率分配性質。

(1) $P(X=x)=(x^2-2)/23,$ $x=2, 3, 4$

(2)

$X=x$	0	1	2	3	4
$P(X=x)$	0.1	-0.4	0.5	0.5	0.3

(3) $P(X=x)=1/2x,$ $x=1, 2, 3, 6$

(4)

$X=x$	5	10	15	20
$P(X=x)$	0.2	0.2	0.5	0.05

【解】：

(1)$P(X=x)=(x^2-2)/23,$　　$x=2, 3, 4$

$P(2)=\dfrac{(2^2-2)}{23}=\dfrac{2}{23}$

$P(3)=\dfrac{(3^2-2)}{23}=\dfrac{7}{23}$

$P(4)=\dfrac{(4^2-2)}{23}=\dfrac{14}{23}$

所以 X 變數值 $x=2, 3, 4$ 所對應的機率均介於0與1之間，滿足性質(1)；將全部機率加總，得

$\displaystyle\sum_{x=2}^{4} P(x)=P(2)+P(3)+P(4)$

$=\dfrac{2}{23}+\dfrac{7}{23}+\dfrac{14}{23}$

$=1$

滿足性質(2)；故滿足離散機率分配性質。

(2)因為 $P(X=1)=-0.4<0$，不滿足性質(1)故不為離散機率分配。

(3)根據函數 $P(X=x)=\dfrac{1}{2x}$，得

$$P(X=1)=\frac{1}{2}, \qquad P(X=2)=\frac{1}{4},$$

$$P(X=3)=\frac{1}{6}, \qquad P(X=6)=\frac{1}{12}$$

所以離散隨機變數 X 的變數值 $x=1, 2, 3, 6$ 所對應的機率均介於0與1之間，滿足性質(1)；將全部機率加總，得

$$\underset{x}{\Sigma}P(x)=P(1)+P(2)+P(3)+P(6)$$

$$=\frac{1}{2}+\frac{1}{4}+\frac{1}{6}+\frac{1}{12}$$

$$=\frac{6+3+2+1}{12}$$

$$=1$$

滿足性質(2)；所以滿足離散機率分配。

(4)根據機率函數表，離散隨機變數 X 的變數值 $x=5, 10, 15, 20$ 所對應的機率均介於0與1之間，即滿足性質(1)；將全部機率加總，得

$$\underset{x}{\Sigma}P(x)=P(5)+P(10)+P(15)+P(20)$$

$$=0.2+0.2+0.5+0.05$$

$$=0.95$$

不滿足性質(2)，故不為離散機率分配。

7. 購買刮刮樂一張花費50元，若刮中可兌換獎金1000元。假設刮刮樂中獎機率為千分之一，試問刮刮樂的中獎期望值為何？

【解】:

根據題意，中獎的淨值為

$$1000-50=950 \text{（元）}$$

不中獎的淨值為-50元，故其機率分配為

x	-50	950
$P(x)$	0.999	0.001

期望值$E(X)=(-50)\times 0.999+950\times 0.001$

$$=-49.95+0.95$$

$$=-49 \text{（元）}$$

8. 令隨機變數X的機率函數為

$$P(X=x)=\frac{1}{2x}$$

其中$x=1, 2, 3, 6$。令隨機變數$Y=2X+3$。

計算下列各子題：

(1)$E(Y)=$？

(2)$V(Y)=$？

【解】：

先求算 $E(X)$ 與 $V(X)$ 如下：

$$E(X)=\sum_x xP(x)$$

$$=\sum_x x\cdot\frac{1}{2x}$$

$$= \sum_x \frac{1}{2}$$

$$= 2$$

$$V(X) = \sum_x (x-2)^2 \cdot \frac{1}{2x}$$

$$= \frac{(1-2)^2}{2 \times 1} + \frac{(2-2)^2}{2 \times 2} + \frac{(3-2)^2}{2 \times 3} + \frac{(6-2)^2}{2 \times 6}$$

$$= \frac{1}{2} + 0 + \frac{1}{6} + \frac{16}{12}$$

$$= \frac{6+2+16}{12}$$

$$= 2$$

(1) $E(Y) = E(2X+3)$

$$= 2E(X) + 3$$

$$= 2 \times 2 + 3$$

$$= 7$$

(2) $V(Y) = V(2X+3)$

$$= 2^2 V(X)$$

$$= 4 \times 2$$

$$= 8$$

9. 已知班上50名同學中有20名參加宗教活動。若由班上隨機抽出一名同學，若該名學生未參加宗教活動則令隨機變數$X=0$，若有參加宗教活動則令$X=1$。回答下列問題：

(1) 隨機變數X的機率分配爲何，並請寫出其機率函數。

　(2)計算期望值$E(X)=$?

　(3)計算變異數$V(X)=$?

【解】：

　　(1)隨機變數X服從貝努利分配，其機率分配爲

　　　$P(X=1)=p=0.4$

　　　$P(X=0)=1-p=0.6$

　　(2)期望值　$E(X)=p=0.4$

　　(3)變異數　$\sigma^2=V(X)=p(1-p)$

　　　　　　　　　　　$=0.4\times0.6$

　　　　　　　　　　　$=0.24$

10. 稅捐稽徵處宣稱所得稅申報案件有10％的錯誤率。今隨機抽取20件申報案件，發現有2件的錯誤申報案件。如果稅捐稽徵處的宣稱是眞實的，那麼由20件申報案中會發現至少2件錯誤的機率爲何？

【解】：

　　令X爲錯誤申報案件，則X服從二項分配$B(20, 0.1)$。

　　20件申報案中會發現至少2件錯誤的機率爲

　　　$P(X\geq2)=1-P(X\leq1)$

　　　　　　　$=1-0.392$

　　　　　　　　　　（查附表1，$n=20, p=0.1, k=1$）

　　　　　　　$=0.608$

11. 某地區竊盜案件破獲率爲0.30。本月份有25件竊案發生，試

問：

(1)至少可破獲10件的機率？

(2)可破獲5件的機率？

(3)至多破獲14件的機率？

【解】：

令 X 爲破獲竊盜案件數，$n=25$, $p=0.30$，X 服從二項分配 $B(25, 0.3)$。

(1)$P(X \geq 10) = 1 - P(X \leq 9)$

$\qquad = 1 - 0.811$

$\qquad\qquad$（查附表1， $n=25$, $p=0.3$, $k=9$）

$\qquad = 0.189$

(2)$P(X=5) = P(X \leq 5) - P(X \leq 4)$

$\qquad = 0.193 - 0.090$

$\qquad\qquad$（查附表1， $n=25$, $p=0.3$, $k=4, 5$）

$\qquad = 0.103$

(3)$P(X \leq 14) = 0.998$ （查附表1， $n=25$, $p=0.3$, $k=14$）

12. 根據習題11，計算下列各子題：

(1)本月份破獲竊案的期望值爲何？

(2)本月份破獲竊案的變異數及標準差爲何？

【解】：

續11題， $X \sim B(25, 0.3)$

(1)$E(X) = np = 25 \times 0.3 = 7.5$

(2)$\sigma^2 = V(X) = np(1-p)$

$$=25 \times 0.3 \times 0.7$$
$$=5.25$$
$$\sigma = \sqrt{np(1-p)} = \sqrt{5.25} = 2.2913$$

13. 令隨機變數X服從平均數$\mu = 1.5$的波氏分配。試計算下列各子題的機率：

(1)$P(X=0)=?$

(2)$P(X \geq 2)=?$

(3)$P(X<3)=?$

【解】：

依題意，X 的機率函數為

$$P(X=x) = \frac{1.5^x e^{-1.5}}{x!}$$

$$(1)P(X=0) = \frac{1.5^0 e^{-1.5}}{0!}$$
$$= e^{-1.5}$$
$$= 0.2231 \qquad \text{（查附表2-B，} \mu=1.5, x=0\text{）}$$

$$(2)P(X \geq 2) = 1 - P(X \leq 1)$$
$$= 1 - P(X=0) - P(X=1)$$
$$= 1 - 0.2231 - 0.3347$$
$$\qquad \text{（查附表2-B，} \mu=1.5, x=0, x=1\text{）}$$
$$= 0.4422$$

$$(3)P(X<3) = P(X=0) + P(X=1) + P(X=2)$$
$$= 0.2231 + 0.3347 + 0.2510$$

$$=0.8088$$

14. 某銀行在每20分鐘內的顧客出現的人次服從以 $\mu=2$ 的波氏
    分配。試回答下列問題:

    (1)在一小時內有5位顧客光臨的機率為何?

    (2)每小時內的顧客平均數, 變異數各為何?

【解】:

   (1)由於本子題以一小時為時段, 平均數增為 $\mu=2\times3=6$,
      於是 X 為隨機變數服從以一小時為時段, 平均數為6的
      波氏分配, 則

$$P(X=5)=0.1606$$

(查附表2-B, $\mu=6$, $x=5$)

   (2)續(1), 根據波氏分配的公式

   平均數 $E(X)=\mu=6$

   變異數 $\sigma^2=V(X)=\mu=6$

15. 某研究所今年招收的新生當中有12位女生, 8位男生。今隨機
    抽出4位新生參加學校舉辦的師生座談。試問:

    (1)有3位女生參加的機率為何?

    (2)至少有2位男生參加的機率為何?

【解】:

   依題意, $N=12+8=20$, $n=4$。

   (1)令 $N_1=12$, $N_2=8$

$$P(X=3)=\frac{\binom{12}{3}\binom{8}{4-3}}{\binom{20}{4}}$$

$$=\frac{\binom{12}{3}\binom{8}{1}}{\binom{20}{4}}$$

$$=\frac{220\times8}{4845}$$

$$=0.3633$$

(2)令 $N_1=8,\ N_2=12$

$$P(X\geq2)=1-P(X\leq1)$$

$$=1-P(X=0)-P(X=1)$$

$$=1-\frac{\binom{8}{0}\binom{12}{4}}{\binom{20}{4}}-\frac{\binom{8}{1}\binom{12}{3}}{\binom{20}{4}}$$

$$=1-\frac{495}{4845}-\frac{8\times220}{4845}$$

$$=0.5346$$

16. 根據習題15，令隨機變數 X 服從 $H(x;20,12,4)$，試計算：

(1)平均數 $E(X)=?$

(2)變異數 $V(X)=?$

【解】：

　　隨機變數 X 服從 $H(x;20,12,4)$，根據超幾何分配的公式

(1)平均數

$$E(X) = n \cdot (\frac{N_1}{N}) = 4 \times \frac{12}{20} = 2.4$$

(2)變異數

$$\sigma^2 = V(X) = (\frac{N-n}{N-1}) \cdot n \cdot (\frac{N_1}{N})(1 - \frac{N_1}{N})$$

$$= (\frac{20-4}{20-1}) \times 4 \times \frac{12}{20} \times (1 - \frac{12}{20})$$

$$= \frac{16}{19} \times 4 \times \frac{12}{20} \times \frac{8}{20}$$

$$= 0.8084$$

17. 某校今年招收的新生總數爲1000人，其中男生爲400人。今隨機抽出20人參加國慶遊行，試問參加遊行學生中男生至少有10人的機率爲何？

【解】：

依題意 $N = 1000$, $N_1 = 400$, $n = 20$。令 X 爲參加遊行學生中男生的人數，則 $X \sim H(x; 1000, 400, 20)$。

由於本題 $N = 1000$，可以二項分配來計算近似的機率。

而 $\quad p = \frac{N_1}{N} = \frac{400}{1000} = 0.4$

所以隨機變數 X 近似的服從二項分配 $B(20, 0.4)$。

參加遊行學生中男生至少有10人的機率爲

$$P(X \geq 10) = 1 - P(X \leq 9)$$

$$= 1 - 0.755$$

$$（查附表1，\ n=20,\ p=0.4,\ k=9）$$
$$=0.245$$

18. 根據習題17，令隨機變數X爲男生參加遊行的人數，試回答下列各子題：

    (1)期望值$E(X)=$？

    (2)變異數$V(X)=$？

【解】：

$$(1)E(X)=n\cdot\frac{N_1}{N}=20\times\frac{400}{1000}=8$$

$$(2)V(X)=(\frac{N-n}{N-1})\cdot n\cdot(\frac{N_1}{N})(1-\frac{N_1}{N})$$

$$=\frac{1000-20}{1000-1}\cdot20\cdot\frac{400}{1000}\cdot\frac{600}{1000}$$

$$=4.7087$$

若以二項分配來近似，則

$$E(X)=n\cdot p=20\times0.4=8$$

$$V(X)=n\cdot p(1-p)=20\times0.4\times0.6=4.8$$

19. 某保全公司在臺北市有150個服務點，假設一週內每個服務點發生狀況的機率爲0.01。試問一週內至少有三個點發生狀況的機率爲何？

【解】：

令 X 表一週內發生狀況的服務點數，依題意，X 服從二

項分配 $B(150, 0.01)$。因為$p=0.01$很小，$n=150$很大，且 $np=150\times0.01=1.5<5$，所以隨機變數 X 也可以用波氏分配 $P(1.5)$來計算機率的近似值，即

$$P(X\geq3)=1-P(X\leq2)$$
$$=1-P(X=0)-P(X=1)-P(X=2)$$
$$=1-0.2231-0.3347-0.2510$$
$$\text{(查附表2-B, }\mu=1.5, x=0, 1, 2)$$
$$=0.1912$$

20. (變異數計算的另一個公式： $V(X)=E(X^2)-[E(X)]^2$)

試由上述公式，驗證本章例9所計算的變異數。

【解】：

根據例9，機率分配為

x	-12	-6	5	15
$P(x)$	0.2	0.2	0.3	0.3

$E(X)=2.4$

所以　$V(X)=E(X^2)-[E(X)]^2$
$$=\Sigma x^2 P(x)-2.4^2$$
$$=(-12)^2\times0.2+(-6)^2\times0.2+5^2\times0.3$$
$$+15^2\times0.3-2.4^2$$
$$=105.24$$

與例9的結果相同。

第九章　連續機率分配

1. 令隨機變數 X 服從一致分配，以 $[1, 10]$ 爲範圍。試回答下列各子題：

   (1) $P(2 < X < 4) = ?$

   (2) $P(X = 5) = ?$

   (3) $P(1 \leq X \leq 3) = ?$

【解】：

　　隨機變數 X 的密度函數爲

$$f(x) = \frac{1}{10 - 1} = \frac{1}{9}, \qquad 1 \leq x \leq 10$$

(1) $P(2 < X < 4) = \displaystyle\int_2^4 \frac{1}{9} dx$

$$= \frac{x}{9} \bigg|_2^4$$

$$= \frac{4}{9} - \frac{2}{9}$$

$$= \frac{2}{9}$$

(2) 因爲連續機率分配在某一特定點的機率爲零，所以

$$P(X = 5) = 0$$

$$(3) P(1 \leq X \leq 3) = \int_{1}^{3} \frac{1}{9} dx$$

$$= \frac{x}{9} \Big|_{1}^{3}$$

$$= \frac{3}{9} - \frac{1}{9}$$

$$= \frac{2}{9}$$

2.　根據習題1，計算下列各問題：

(1) $E(X) = ?$

(2) $V(X) = ?$

【解】：

$$(1) E(X) = \int_{1}^{10} x f(x) dx$$

$$= \int_{1}^{10} \frac{x}{9} dx$$

$$= \frac{x^2}{18} \Big|_{1}^{10}$$

$$= \frac{100 - 1}{18}$$

$$= \frac{11}{2}$$

$$\text{或} E(X) = \frac{1 + 10}{2} = \frac{11}{2}$$

$$(2) V(X) = \frac{(b - a)^2}{12}$$

$$= \frac{(10-1)^2}{12}$$

$$= \frac{81}{12}$$

$$= \frac{27}{4}$$

3. 假設某客運公司臺北開往高雄的班車平均8分鐘有一班車抵達終點站，令其服從指數分配，試回答下列各子題：

(1)班車在5分鐘內抵達終點站的機率為何？

(2)班車在3至5分鐘之間抵達終點站的機率為何？

(3)班車在4分鐘以上抵達的機率為何？

【解】：

已知班車抵達終點站的時間間距 X 服從平均數為8分鐘的指數分配，即

$$f(x) = \frac{1}{8}e^{-x/8}, \qquad x \geq 0$$

$$(1)P(X \leq 5) = \int_0^5 \frac{1}{8}e^{-x/8}dx$$

$$= -e^{-x/8}\Big|_0^5$$

$$= 1 - e^{-5/8}$$

$$= 0.4647$$

$$(2)P(3 \leq X \leq 5) = \int_3^5 \frac{1}{8}e^{-x/8}dx$$

$$= -e^{-x/8} \Big|_3^5$$

$$= e^{-3/8} - e^{-5/8}$$

$$= 0.1520$$

$$(3) P(X \geq 4) = 1 - P(X \leq 4)$$

$$= 1 - (1 - e^{-4/8})$$

$$= e^{-4/8}$$

$$= 0.6065$$

4. 根據習題3，令隨機變數X爲班車抵達終點站的時間，試計算下列各子題：

   (1)平均抵達時間$E(X) = ?$

   (2)抵達時間的變異數$V(X) = ?$

【解】：

因爲 $f(x) = \dfrac{1}{\mu} e^{-x/\mu}$

$$= \dfrac{1}{8} e^{-x/8}, \qquad x \geq 0$$

根據指數分配的平均數及變異數公式，可得

(1)$E(X) = \mu = 8$

(2)$V(X) = \mu^2 = 64$

5. 假設某工廠跳機時間間距是服從以6小時爲平均數的指數分配，試問每天的跳機次數服從何種分配？且其平均跳機次數爲何？

【解】：

由於跳機時間間距是服從指數分配，且平均時間間距爲

$$\mu = 6 小時 = \frac{6}{24} 天 = \frac{1}{4} 天$$

所以在一天內出現跳機的平均次數爲

$$\lambda = \frac{1}{\mu} = \frac{1}{\left(\frac{1}{4}\right)} = 4$$

即每天的跳機次數服從以「$\lambda = 4$次」爲平均數的波氏分配。

6. 令隨機變數X服從常態分配$N(40, 16)$，試計算下列各子題：

(1) $P(X \geq 48) = ?$

(2) $P(36 < X < 44) = ?$

【解】：

$$X \sim N(40, 16)$$

$$
\begin{aligned}
(1) P(X \geq 48) &= P\left(\frac{X-40}{\sqrt{16}} \geq \frac{48-40}{\sqrt{16}}\right) \\
&= P(Z \geq 2) \\
&= 0.5 - 0.4772 \\
&= 0.0228
\end{aligned}
$$

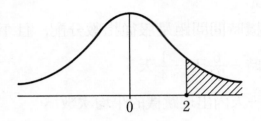

$$(2)P(36<X<44)=P\left(\frac{36-40}{\sqrt{16}}<\frac{X-40}{\sqrt{16}}<\frac{44-40}{\sqrt{16}}\right)$$
$$=P(-1<Z<1)$$
$$=2\times0.3413$$
$$=0.6826$$

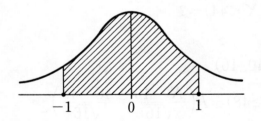

7. 令Z服從標準常態分配，試計算下列各題中的 a, b, c 值。

(1)$P(|Z|<a)=0.34$。

(2)$P(|Z|<b)=0.95$。

(3)$P(|Z|>c)=0.10$。

【解】：

$Z\sim N(0,1)$

(1)$P(|Z|<a)=0.34$

$P(0 < Z < a) = 0.17$

查附表3，得$a = 0.44$

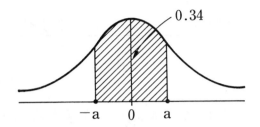

(2)$P(|Z| < b) = 0.95$

$P(0 < Z < b) = 0.475$

查附表3，得$b = 1.96$

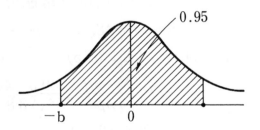

(3)$P(|Z| > c) = 0.10$

$P(|Z| \leq c) = 0.90$

$P(0 < Z < c) = 0.45$

所以　$c = 1.645$

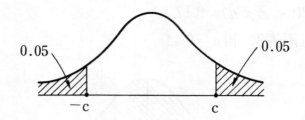

8. 由調查得知：有40％的電腦系同學家中有個人電腦。今隨機抽訪120位同學，試問至少有60位同學家中有個人電腦的機率為何？

【解】：

已知 $p=0.4$, $n=120$，因為 $np=120\times0.4=48\geq5$，且 $n(1-p)=120\times0.6=72\geq5$ 故可以常態分配 $N(\mu, \sigma^2)$ 計算近似機率，其中 $\mu=np=48$, $\sigma^2=np(1-p)=28.8$。

$$P(X\geq60)=P(X\geq59.5) \qquad (連續校正)$$
$$=P(\frac{X-np}{\sqrt{npq}}\geq\frac{59.5-48}{\sqrt{28.8}})$$
$$=P(Z\geq2.14)$$
$$=0.5-0.4838$$
$$=0.0162$$

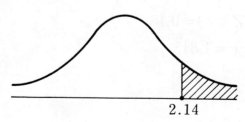

9.　（變異數計算的另一個公式：$V(X)=E(X^2)-[E(X)]^2$）

試由上述公式，驗證本章例3所計算的變異數。

【解】：

已知：$f(x)=\begin{cases} 3x^2, 0<x<1 \\ 0 \quad ,\text{其他} \end{cases}$

$E(X)=0.75$

$E(X^2)=\displaystyle\int_0^1 x^2 \cdot 3x^2 dx$

$\qquad\quad =\displaystyle\int_0^1 3x^4 dx$

$\qquad\quad =\dfrac{3}{5}x^5 \Big|_0^1$

$\qquad\quad =\dfrac{3}{5}$

$\qquad\quad =0.6$

$V(X)=E(X^2)-[E(X)]^2$

$\qquad\quad =0.6-(0.75)^2$

$\qquad\quad =0.0375$

與例3所計算的結果相同，所以

$V(X)=E(X^2)-[E(X)]^2$

$\qquad\quad =E[X-E(X)]^2$

第十章 抽樣與抽樣分配

1. 何謂估計量？估計值？

【解】：

樣本的各種表徵數稱為統計量，樣本統計量被用來估計母體參數所以又稱為估計量，若將樣本數據代入估計量計算得到的數值稱為估計值。例如：樣本平均數 $\bar{X}$ 為母體參數 μ 的估計量，如果根據樣本計算得到樣本平均數為 5，則 5 就是 μ 的估計值。

2. 何謂簡單隨機抽樣？

【解】：

令有限母體的元素個數為 N，由其中隨機抽取 n 個元素形成隨機樣本，若每一組可能的隨機樣本都有相同被抽中的機率，則此種抽樣方法稱為簡單隨機抽樣。

3. 何謂分層隨機抽樣？

【解】：

將母體分成數個互斥的層，然後就各層分別進行簡單隨機抽樣，此種方法稱為分層隨機抽樣。此法適用在層間差異

大、層內差異小時有較佳效果。

4． 何謂族群抽樣？

【解】：

將母體分成 K 個族群，然後就全體族群編號(以 1, 2, …, K 表示)，採簡單隨機抽樣自 K 個族群中抽出 r 個族群並就其全部元素進行調查，此種方式是爲族群抽樣，當族群內差異大，族群間差異小的情況效果較佳。

5． 何謂系統抽樣？

【解】：

主要應用在母體中的全部 N 個元素都依某種方式排序時。假設由 N 個元素的母體中抽出 n 個元素形成樣本，先將母體的 N 個元素分成 n 組各有 r 個元素的小區塊，然後以簡單隨機抽樣由 1 至 r 中抽出一個隨機亂數，令其爲 k，則每一區塊的第 k 個元素都取出形成一組樣本，此法稱爲系統抽樣。若 n 不能整除 N 時，可以最接近 $\left(\dfrac{N}{n}\right)$ 的整數爲 r，然後就 1 到 N 之間隨機抽取一個亂數，並將 1 到 N 的數字視爲頭接尾的圓形排列，由該數起每隔 r 個元素抽取一個元素，直到 n 個元素被取出爲止。

6． 何謂抽樣分配？

【解】：

由母體中以重複試行的方式進行樣本大小相同的隨機抽樣，則所有可能的樣本所計算的統計量各估計值及其對應的機率形成該統計量的機率分配，此種機率分配稱爲該統計量的抽樣分配。

7. 何謂中央極限定理？

【解】：

令獨立的隨機樣本 $X_1, X_2, \cdots, X_n$ 爲來自於以 μ 爲平均數，σ^2 爲變異數的同一母體。當抽樣的樣本數 n 逐漸增大時，樣本平均數 $\bar{X}$ 的抽樣分配會逐漸趨近於常態分配，即在 n 很大時，

$$\bar{X} \stackrel{\cdot}{\sim} N(\mu, \frac{\sigma^2}{n})$$

此即中央極限定理。

8. 某國立大學就其畢業生月薪所作的調查知道：平均月薪爲 $\mu=25000$元，標準差 $\sigma=2000$ 元。今隨機抽訪 36 位畢業生，試問這 36 位畢業生的平均月薪落在 25000 元與 25500 元之間的機率爲何？

【解】：

已知 $\mu=25000$元，$\sigma=2000$元，$n=36$。

令 $\bar{X}$ 爲 36 位畢業生的平均月薪，則依據中央極限定理，$\bar{X}$ 的抽樣分配趨近於常態分配，以 $\mu=25000$元爲平均數，

$$\frac{\sigma^2}{n}=\frac{2000^2}{36}$$元²為變異數。所以 $\bar{X}$ 介於 25000 元與 25500

元之間的機率為

$$P(25000 \le \bar{X} \le 25500)$$

$$=P\left(\frac{25000-25000}{2000/\sqrt{36}} \le \frac{\bar{X}-\mu}{\sigma/\sqrt{n}} \le \frac{25500-25000}{2000/\sqrt{36}}\right)$$

$$=P(0 \le Z \le 1.5)$$

$$=0.4332$$

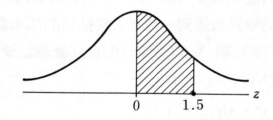

9. 已知女性觀光旅行之比例為 40%，今隨機抽訪 80 位女性，試
問該樣本中觀光旅行的比例高於 50% 的機率為何？

【解】：

已知 $p=0.4$, $n=80$, 由於

$$np=80 \times 0.4=32, \qquad n(1-p)=80 \times 0.6=48,$$

滿足 $np \ge 5$ 且 $n(1-p) \ge 5$ 的條件，所以 $\hat{p}$ 近似地服從以

$p=0.4$ 為平均數，$\dfrac{p(1-p)}{n}=\dfrac{0.4 \times 0.6}{80}=0.003$ 為變異數的

常態分配。

樣本中觀光旅行的比例高於 50% 的機率為

$$P(\hat{p} > 0.5)$$

$$= P\left(\frac{\hat{p} - p}{\sqrt{\frac{p(1-p)}{n}}} > \frac{0.5 - 0.4}{\sqrt{\frac{0.4 \times 0.6}{80}}} \right)$$

$$= P(Z > 1.83)$$

$$= 0.5 - 0.4664$$

$$= 0.0336$$

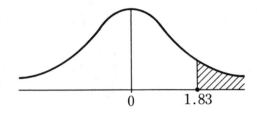

10. 假設國人從事觀光旅行活動中，就業者參與觀光旅行活動之比例爲 43%，失業者參與是項活動之比例爲 38%。今由就業者與失業者各抽出兩組樣本，樣本數分別爲 $n_1 = 60$, $n_2 = 50$。試問兩組樣本比例 $\hat{p}_1$ 與 $\hat{p}_2$ 相差超過 0.10 的機率爲何？

【解】：

已知 $p_1 = 0.43$, $p_2 = 0.38$, $n_1 = 60$, $n_2 = 50$，由於

$n_1 p_1 = 60 \times 0.43 = 25.8$, $n_1 (1 - p_1) = 60 \times 0.57 = 34.2$,

$n_2 p_2 = 50 \times 0.38 = 19$, $n_2 (1 - p_2) = 50 \times 0.62 = 31$,

因爲 $n_1 p_1 \geq 5$, $n_1 (1 - p_1) \geq 5$, $n_2 p_2 \geq 5$, $n_2 (1 - p_2) \geq 5$，所以兩組樣本比例差 $\hat{p}_1 - \hat{p}_2$ 的抽樣分配趨近於常態分配，即

$$\hat{p}_1 - \hat{p}_2 \sim N\left(0.43 - 0.38, \frac{0.43 \times 0.57}{60} + \frac{0.38 \times 0.62}{50}\right)$$

或 $\quad \hat{p}_1 - \hat{p}_2 \sim N(0.05, 0.008797)$

兩組樣本比例 $\hat{p}_1$ 與 $\hat{p}_2$ 相差超過 0.10 的機率為

$$P(|\hat{p}_1 - \hat{p}_2| > 0.10)$$

$$= P(\hat{p}_1 - \hat{p}_2 > 0.10) + P(\hat{p}_1 - \hat{p}_2 < -0.10)$$

$$= P\left(\frac{(\hat{p}_1 - \hat{p}_2) - (p_1 - p_2)}{\sqrt{\dfrac{p_1(1-p_1)}{n_1} + \dfrac{p_2(1-p_2)}{n_2}}} > \frac{0.10 - 0.05}{\sqrt{0.008797}}\right)$$

$$+ P\left(\frac{(\hat{p}_1 - \hat{p}_2) - (p_1 - p_2)}{\sqrt{\dfrac{p_1(1-p_1)}{n_1} + \dfrac{p_2(1-p_2)}{n_2}}} < \frac{-0.10 - 0.05}{\sqrt{0.008797}}\right)$$

$$= P(Z > 0.53) + P(Z < -1.60)$$

$$= (0.5 - 0.2019) + (0.5 - 0.4452)$$

$$= 0.3529$$

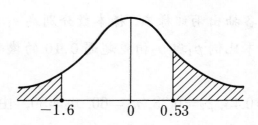

11. 根據就業市場資料顯示紡織業的受雇員工平均薪資為 31000
元, 標準差為 2000 元。成衣及服飾品製造業的受雇員工平均
薪資為 21000 元, 標準差為 1000 元。今隨機抽取兩組樣本,

紡織業受雇員工人數為$n_1=50$，成衣及服飾品製造業受雇員工人數$n_2=60$。試問樣本中紡織業受雇員工平均薪資比成衣及服飾品製造業平均薪資高出 9500 元的機率為何？

【解】：

$n_1=50$, $n_2=60$, $\mu_1=31000$元, $\sigma_1=2000$元, $\mu_2=21000$元, $\sigma_2=1000$元。

由於 $n_1=50\geq30$, $n_2=60\geq30$，所以樣本平均數差的機率分配會趨近於常態分配，其平均數為

$$\mu_1-\mu_2=31000-21000=10000 \text{（元）}$$

變異數為

$$\frac{\sigma_1^2}{n_1}+\frac{\sigma_2^2}{n_2}=\frac{2000^2}{50}+\frac{1000^2}{60}$$

$$=96666.67$$

所以樣本中紡織業受雇員工平均薪資比成衣及服飾品製造業平均薪資高出 9500 元的機率為

$$P(\bar{X}_1-\bar{X}_2>9500)$$

$$=P\left(\frac{(\bar{X}_1-\bar{X}_2)-(\mu_1-\mu_2)}{\sqrt{\dfrac{\sigma_1^2}{n_1}+\dfrac{\sigma_2^2}{n_2}}}>\frac{9500-10000}{\sqrt{96666.67}}\right)$$

$$=P(Z>-1.61)$$

$$=0.4463+0.5$$

$$=0.9463$$

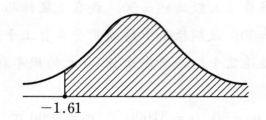

−1.61

12. 已知在不同工作經驗年數下，爲滿足求知慾而參加進修的機率分別爲：

工作經驗年數	機率
0	0.1
2	0.4
4	0.4
8	0.1

令工作經驗年數爲隨機變數 X，由其中抽出樣本數爲 2 的樣本，試寫出樣本平均年資的抽樣分配。

【解】：

樣本平均年資的抽樣分配：

可能樣本	平均數 $\bar{x}$	機率 $P(\bar{x})$
(0,0)	0	$0.1 \times 0.1 = 0.01$
(0,2)　(2,0)	1	$0.1 \times 0.4 \times 2 = 0.08$
(0,4)　(4,0)　(2,2)	2	$0.1 \times 0.4 \times 2 + 0.4 \times 0.4 = 0.24$
(2,4)　(4,2)	3	$0.4 \times 0.4 \times 2 = 0.32$
(0,8)　(8,0)　(4,4)	4	$0.1 \times 0.1 \times 2 + 0.4 \times 0.4 = 0.18$
(2,8)　(8,2)	5	$0.4 \times 0.1 \times 2 = 0.08$
(4,8)　(8,4)	6	$0.4 \times 0.1 \times 2 = 0.08$
(8,8)	8	$0.1 \times 0.1 = 0.01$

第十一章 估 計

1. 何謂估計式？估計式有幾種？

【解】：

估計式是指估計未知參數的公式，例如以樣本平均數 $\bar{X}$ 來估計母體平均數 μ，則統計量 $\bar{X} = \sum\limits_{i=1}^{n} X_i / n$ 稱為估計式。

估計式有點估計式與區間估計式兩種。以單一統計量估計母體未知參數的估計公式稱為點估計式；若使用形成一個區間的估計式，以之估計母體未知參數的估計公式則為區間估計式。例如統計量 $\bar{X} = \sum\limits_{i=1}^{n} X_i / n$ 稱為母體平均數 μ 的點估計式；若以 $(\bar{X} - Z_{\alpha/2} \cdot S/\sqrt{n},\ \bar{X} + Z_{\alpha/2} \cdot S/\sqrt{n})$ 來估計母體平均數 μ，則 $(\bar{X} - Z_{\alpha/2} \cdot S/\sqrt{n},\ \bar{X} + Z_{\alpha/2} \cdot S/\sqrt{n})$ 形成一個區間，故為一區間估計式。

2. 點估計的評量標準有那些？試簡答之。

【解】：

點估計的評量標準有不偏性、有效性、充分性與一致性四種。

3. 何謂不偏性？何謂一致性？何謂有效性？何謂充分性？

【解】：

(1)不偏性是指統計量 $\hat{\theta}$ 的期望值為 θ，即

$$E(\hat{\theta})=\theta$$

此時 $\hat{\theta}$ 稱為 θ 的不偏估計式。

(2)一致性是指當樣本數 n 趨向無限大時，統計量 $\hat{\theta}$ 與母體參數 θ 之間的差距超過微小值 ε 的機率為0。

換言之

$$\lim_{n\to\infty}P(|\hat{\theta}-\theta|>\varepsilon)=0$$

或

$$\lim_{n\to\infty}P(|\hat{\theta}-\theta|\leq\varepsilon)=1$$

(3)有效性是指兩個不偏統計量中具有較小變異數的統計量較有效。若

$$E(\hat{\theta}_1)=\theta$$
$$E(\hat{\theta}_2)=\theta$$

且 $\quad V(\hat{\theta}_1)<V(\hat{\theta}_2)$

則 $\hat{\theta}_1$ 較 $\hat{\theta}_2$ 有效。

(4)充分性是指統計量含有估計母體參數的全部訊息。令 $f(x_1,x_2,\cdots,x_n;\theta)$ 為隨機變數 $X_1,X_2,\cdots,X_n$ 的聯合機率函數，而 $\hat{\theta}$ 為估計母體參數 θ 的統計量，若聯合機率函數可以分解成

$$f(x_1,x_2,\cdots,x_n;\theta)=g(\hat{\theta},\theta)h(x_1,x_2,\cdots,x_n)$$

其中 $g(\hat{\theta}, \theta)$ 爲 $\hat{\theta}$ 及 θ 的函數，$h(x_1, x_2, \cdots, x_n)$ 爲不含 θ 的式子，則 $\hat{\theta}$ 爲 θ 的充分統計量。

4. 區間估計的評量標準爲何？

【解】：

區間估計的評量標準爲信賴係數。信賴係數是指區間估計式能夠包含母體未知參數 θ 的機率，通常以 $(1-\alpha)$ 表示。由於區間估計式，以 $(\hat{\theta}_1, \hat{\theta}_2)$ 表示，是隨機變數構成的式子，所以隨著不同的樣本可以計算出不同的區間估計值。有的區間包含未知參數 θ，有的區間不包含未知參數 θ。因此，以機率來表示這個區間估計式能夠包含未知參數 θ 的可能性，這機率就是信賴係數。

5. 假設 $\bar{x}=160$，$\sigma^2=16$，且 $n=49$，試建立母體平均數 μ 的下列信賴區間：

(1) 90%，　　(2) 95%，　　(3) 99%。

【解】：

已知 $\bar{x}=160$，$\sigma^2=16$，$n=49$，此爲大樣本、σ^2 已知。故 μ 的區間估計式爲

$$(\bar{X}-Z_{\alpha/2}\cdot\sigma/\sqrt{n}, \ \bar{X}+Z_{\alpha/2}\cdot\sigma/\sqrt{n})$$

即區間估計值爲

$$(160-Z_{\alpha/2}\cdot 4/\sqrt{49}, \ 160+Z_{\alpha/2}\cdot 4/\sqrt{49})$$

根據信賴係數，可求得對應的信賴區間。

(1)$1-\alpha=90\%$，　　所以　　$\alpha=0.10$

查常態機率分配表

$$Z_{0.05}=1.645$$

所以信賴區間為

$$(160-1.645\times4/7,\ 160+1.645\times4/7)$$
$$=(159.06,\ 160.94)$$

(2)$1-\alpha=95\%$，　　　　$\alpha=0.05$

$$Z_{0.025}=1.96$$

信賴區間為

$$(160-1.96\times4/7,\ 160+1.96\times4/7)$$
$$=(158.88,\ 161.12)$$

(3)$1-\alpha=99\%$，　　　　$\alpha=0.01$

$$Z_{0.005}=2.58$$

信賴區間為

$$(160-2.58\times4/7,\ 160+2.58\times4/7)$$
$$=(158.53,\ 161.47)$$

6. 經調查知道：國中男生平均身高(公分)的 99%信賴區間為
   (160, 170)，其母體標準差 $\sigma=10$。試問該區間是由多少樣
   本計算得到？

【解】：

　　$1-\alpha=0.99,\ \alpha=0.01,\ \alpha/2=0.005$

　　查標準常態分配表得 $Z_{\alpha/2}=2.58$，且

　　$\sigma=10,\ 2E=170-160=10$，所以 $E=5$。

代入公式，求得樣本數

$$n=\left[\frac{Z_{\alpha/2}\sigma}{E}\right]^2$$

$$=\left[\frac{2.58\times10}{5}\right]^2$$

$$=26.6256$$

故樣本數至少爲 27。

7. 隨機抽訪某社區 50 戶居民上個月的電話費，得到平均費用爲 280 元，樣本標準差 $s=50$ 元。試計算該社區居民上個月平均費用的 90%信賴區間。

【解】：

依題意，$n=50$, $\bar{x}=280$元, $s=50$元, $1-\alpha=90\%$, 即 $\alpha=0.10$。此爲大樣本、σ^2未知，故查標準常態分配表得 $Z_{\alpha/2}=Z_{0.05}=1.645$, 代入下列信賴區間公式

$$\left(\bar{X}-Z_{\alpha/2}\frac{S}{\sqrt{n}},\ \bar{X}+Z_{\alpha/2}\frac{S}{\sqrt{n}}\right)$$

得信賴區間爲

$$\left(280-1.645\times\frac{50}{\sqrt{50}},\ 280+1.645\times\frac{50}{\sqrt{50}}\right)$$

$$=(268.37,\ 291.63)$$

故電話平均費用 90%的信賴區間爲 268.37 元～291.63 元之間。

8. 關愛青少年基金會調查 800 名在學國中生，發現吸菸的人數

為 320 名。試根據此一資料估計全體國中生吸菸比例的 95%
信賴區間。

【解】：

令全體國中生吸菸比例為 p。由題意知 $n=800$, $x=320$,
故 $\hat{p}=320/800=0.4$。又 $1-\alpha=95\%$, 所以 $\alpha=0.05$, 查標
準常態分配表得 $Z_{\alpha/2}=Z_{0.025}=1.96$。代入比例區間公式,
求算 95% 的區間估計為

$$\left(\hat{p}-Z_{\alpha/2}\sqrt{\frac{\hat{p}(1-\hat{p})}{n}}, \quad \hat{p}+Z_{\alpha/2}\sqrt{\frac{\hat{p}(1-\hat{p})}{n}} \right)$$

$$=\left(0.4-1.96\sqrt{\frac{0.4\times0.6}{800}}, \quad 0.4+1.96\sqrt{\frac{0.4\times0.6}{800}} \right)$$

$$=(0.3661, 0.4339)$$

9. 某廣告公司就顧客對新產品的喜好與否進行調查, 欲求得產
   品喜好比例的 95% 區間估計, 並希望估計誤差不得大於
   0.08, 試問應抽取多少樣本數?

【解】：

已知 $E\leq0.08$, $1-\alpha=95\%$, $\alpha=0.05$, 查標準常態分配表,
得 $Z_{\alpha/2}=Z_{0.025}=1.96$, 代入樣本公式, 求算樣本數

$$n=\frac{Z_{\alpha/2}^2\times0.25}{E^2}$$

$$=\frac{1.96^2\times0.25}{0.08^2}$$

$$=150.0625$$

故樣本數至少為 151。

10. 已知 $\bar{x}_1=90$，$\bar{x}_2=85$，$\sigma_1^2=25$，$\sigma_2^2=16$，且 $n_1=36$，$n_2=50$。試建立母體平均數差$(\mu_1-\mu_2)$的 90％信賴區間。

【解】：

已知 $\bar{x}_1=90$，$\bar{x}_2=85$，$\sigma_1^2=25$，$\sigma_2^2=16$，$n_1=36$，$n_2=50$，$1-\alpha=90\%$，$\alpha=0.10$。查標準常態分配表得 $Z_{\alpha/2}=Z_{0.05}=1.645$，因為是大樣本且 σ_1^2, σ_2^2 已知，故$(\mu_1-\mu_2)90\%$的信賴區間為

$$\left(\bar{x}_1-\bar{x}_2-Z_{\alpha/2}\sqrt{\frac{\sigma_1^2}{n_1}+\frac{\sigma_2^2}{n_2}},\ \bar{x}_1-\bar{x}_2+Z_{\alpha/2}\sqrt{\frac{\sigma_1^2}{n_1}+\frac{\sigma_2^2}{n_2}}\right)$$

$$=\left(90-85-1.645\sqrt{\frac{25}{36}+\frac{16}{50}},\ 90-85+1.645\sqrt{\frac{25}{36}+\frac{16}{50}}\right)$$

$$=(5-1.6568,\ 5+1.6568)$$

$$=(3.3432,\ 6.6568)$$

11. 為瞭解不同服務業別薪資平均差異情形，對金融保險不動產業，及工商服務業分別隨機抽訪 $n_1=60$，及 $n_2=50$ 人，得到 $\bar{x}_1=44500$ 元，$\bar{x}_2=38000$ 元，且樣本標準差分別為 $s_1=2000$ 元，$s_2=1800$ 元。試建立母體平均薪資差$(\mu_1-\mu_2)$的 95％信賴區間。

【解】：

已知 $n_1=60$，$n_2=50$，$\bar{x}_1=44500$ 元，$\bar{x}_2=38000$ 元，$s_1=2000$元，$s_2=1800$元，$1-\alpha=95\%$，$\alpha=0.05$。因為是大樣本，但 σ_1^2,σ_2^2 未知，故$(\mu_1-\mu_2)95\%$的信賴區間為：

$$\left(\bar{x}_1 - \bar{x}_2 - Z_{\alpha/2}\sqrt{\frac{s_1^2}{n_1} + \frac{s_2^2}{n_2}},\ \bar{x}_1 - \bar{x}_2 + Z_{\alpha/2}\sqrt{\frac{s_1^2}{n_1} + \frac{s_2^2}{n_2}}\right)$$

$$= \left(44500 - 38000 - Z_{0.025}\sqrt{\frac{2000^2}{60} + \frac{1800^2}{50}},\right.$$

$$\left. 44500 - 38000 + Z_{0.025}\sqrt{\frac{2000^2}{60} + \frac{1800^2}{50}}\right)$$

$$= (6500 - 1.96 \times 362.58,\ 6500 + 1.96 \times 362.58)$$

$$= (6500 - 710.66,\ 6500 + 710.66)$$

$$= (5789.34,\ 7210.66)$$

母體平均薪資差$(\mu_1 - \mu_2)$95% 的信賴區間為(5789.34, 7210.66)元。

12. 考慮兩種裝填機器平均裝填量的差異$(\mu_1 - \mu_2)$測試。欲建立90%信賴區間，且要求此項差異的估計誤差不得超過0.5毫克，假設兩種裝填機器的變異數$\sigma_1^2 = \sigma_2^2 = 5$，試問應抽取多少樣本數？（假設$n_1 = n_2 = n$）

【解】：

已知 $E \le 0.5$ 毫克，$\sigma_1^2 = \sigma_2^2 = 5$，$1 - \alpha = 90\%$，$\alpha = 0.10$，查標準常態分配表，得 $Z_{\alpha/2} = Z_{0.05} = 1.645$。假設 $n_1 = n_2 = n$，代入樣本公式，求樣本數

$$n = \frac{Z_{\alpha/2}^2(\sigma_1^2 + \sigma_2^2)}{E^2}$$

$$= \frac{1.645^2(5 + 5)}{0.5^2}$$

$$= 108.241$$

兩種裝填機器各抽取樣本數至少為 109 個。

13. 騎機車戴安全帽宣導發現：男性 120 人中有 55 人戴安全帽，女性 70 人中 40 人戴安全帽。令 p_1 及 p_2 分別代表男性及女性戴安全帽的比例。試對母體比例差 $(p_1 - p_2)$ 建立 95% 信賴區間。

【解】：

已知 $n_1 = 120, x_1 = 55, n_2 = 70, x_2 = 40$，　故

$$\hat{p}_1 = \frac{55}{120} = 0.4583, \quad \hat{p}_2 = \frac{40}{70} = 0.5714$$

$1 - \alpha = 95\%, \alpha = 0.05$，查標準常態分配表，得 $Z_{\alpha/2} = Z_{0.025} = 1.96$，代入母體比例差 $(p_1 - p_2)$ 的區間公式，求算 95% 的信賴區間

$$\left(\hat{p}_1 - \hat{p}_2 - Z_{\alpha/2}\sqrt{\frac{\hat{p}_1(1-\hat{p}_1)}{n_1} + \frac{\hat{p}_2(1-\hat{p}_2)}{n_2}}, \right.$$

$$\left. \hat{p}_1 - \hat{p}_2 + Z_{\alpha/2}\sqrt{\frac{\hat{p}_1(1-\hat{p}_1)}{n_1} + \frac{\hat{p}_2(1-\hat{p}_2)}{n_2}} \right)$$

$$= \left(0.4583 - 0.5714 - 1.96\sqrt{\frac{0.4583 \times 0.5417}{120} + \frac{0.5714 \times 0.4286}{70}}, \right.$$

$$\left. 0.4583 - 0.5714 + 1.96\sqrt{\frac{0.4583 \times 0.5417}{120} + \frac{0.5714 \times 0.4286}{70}} \right)$$

$$= (-0.1131 - 0.1462, \ -0.1131 + 0.1462)$$

$$= (-0.2593, 0.0331)$$

14. 某校對一年級新生及二年級學生的上週上課全勤的差異情形

進行研究。令 p_1 及 p_2 分別為一年級新生及二年級學生上週上課全勤比例，欲建立兩者比例差 (p_1-p_2) 的 90% 區間估計，假設估計誤差不得超過 0.10，試問應抽取多少樣本數？（假設兩個年級所抽取的樣本數相等）

【解】：

$1-\alpha=90\%$, $\alpha=0.10$, 查標準常態分配表，$Z_{0.05}=1.645$。

已知 $E\leq0.10$，代入樣本數公式，求算樣本數

$$n=\frac{Z_{\alpha/2}^2(2\times0.25)}{E^2}$$

$$=\frac{1.645^2(2\times0.25)}{0.1^2}$$

$$=135.30125$$

所以一、二年級應各抽取樣本數至少136人。

15. 由常態母體中隨機抽取 $n=16$ 的樣本，計算得到平均數為 $\bar{x}=35$，標準差為 $s=10$。試建立母體平均數 μ 的 90% 信賴區間。

【解】：

已知 $n=16$, $\bar{x}=35$, $s=10$，是常態母體、小樣本、σ 未知，所以採 t 分配。由於 $(1-\alpha)=90\%$, $\alpha=0.10$，查自由度 $v=n-1=16-1=15$ 的 t 分配表，得 $t_{0.05}(15)=1.753$。根據區間估計公式可得 90% 信賴區間為

$$\left(\bar{x}-t_{\alpha/2}(v)\frac{s}{\sqrt{n}},\ \bar{x}+t_{\alpha/2}(v)\frac{s}{\sqrt{n}}\right)$$

$$=\left(35-1.753\times\frac{10}{\sqrt{16}},\ 35+1.753\times\frac{10}{\sqrt{16}}\right)$$

$$=(30.6175,\ 39.3825)$$

16. 假設兩種廠牌輪胎的壽命均呈現常態分配。今針對此二種輪胎進行測試平均公里數，隨機抽樣 $n_1=16$, $n_2=25$, 得到 $\bar{x}_1=24000$ 公里，$\bar{x}_2=20000$ 公里。試根據各子題的條件計算兩種廠牌輪胎的平均壽命差 $(\mu_1-\mu_2)$ 的 95％信賴區間。

(1)假設 $\sigma_1=3600$, $\sigma_2=3500$。

(2)假設 $\sigma_1^2=\sigma_2^2(=\sigma^2)$ 未知，且樣本標準差分別爲 $s_1=3700$, $s_2=3400$。

(3)假設 $\sigma_1^2\neq\sigma_2^2$ 都未知，且樣本標準差分別爲 $s_1=4000$, $s_2=3600$。

【解】：

已知 $n_1=16$, $n_2=25$, $\bar{x}_1=24000$ 公里，$\bar{x}_2=20000$ 公里。

(1) $\sigma_1=3600$, $\sigma_2=3500$

因爲是常態母體且 σ_1、σ_2 已知，故採 Z 統計量，由於 $(1-\alpha)=0.95$, $\alpha=0.05$, 查標準常態分配表，得 $Z_{0.025}=1.96$。根據區間估計公式可得 $(\mu_1-\mu_2)$ 的 95％信賴區間爲

$$\left(\bar{x}_1-\bar{x}_2-Z_{\alpha/2}\sqrt{\frac{\sigma_1^2}{n_1}+\frac{\sigma_2^2}{n_2}},\ \bar{x}_1-\bar{x}_2+Z_{\alpha/2}\sqrt{\frac{\sigma_1^2}{n_1}+\frac{\sigma_2^2}{n_2}}\right)$$

$$=\left(24000-20000-1.96\sqrt{\frac{3600^2}{16}+\frac{3500^2}{25}},\right.$$

$$24000-20000+1.96\sqrt{\frac{3600^2}{16}+\frac{3500^2}{25}}\Bigg)$$

$$=(4000-2234.74, 4000+2234.74)$$

$$=(1765.26, 6234.74)\ (公里)$$

(2)$\sigma_1^2=\sigma_2^2=\sigma^2$ 但未知， $s_1=3700, s_2=3400$。

兩組樣本的混合樣本變異數

$$s_p^2=\frac{(n_1-1)s_1^2+(n_2-1)s_2^2}{(n_1-1)+(n_2-1)}$$

$$=\frac{(16-1)3700^2+(25-1)3400^2}{(16-1)+(25-1)}$$

$$=12379230.77$$

根據自由度為 $v=n_1+n_2-2=16+25-2=39$的 t 分配 及$1-\alpha=0.95, \alpha=0.05, \alpha/2=0.025$，查 t 分配表（插補 法）得

$$t_{\alpha/2}(v)=t_{0.025}(39)=2.023$$

由區間估計公式可得 95%信賴區間為

$$\left(\bar{x}_1-\bar{x}_2-t_{\alpha/2}(v)\sqrt{\frac{s_p^2}{n_1}+\frac{s_p^2}{n_2}},\ \bar{x}_1-\bar{x}_2+t_{\alpha/2}(v)\sqrt{\frac{s_p^2}{n_1}+\frac{s_p^2}{n_2}}\right)$$

$$=\Bigg(4000-2.023\sqrt{\frac{12379230.77}{16}+\frac{12379230.77}{25}},$$

$$4000+2.023\sqrt{\frac{12379230.77}{16}+\frac{12379230.77}{25}}\Bigg)$$

$$=(4000-2278.79, 4000+2278.79)$$

$$=(1721.21, 6278.79)\ (公里)$$

(3)$\sigma_1^2\neq\sigma_2^2$ 都未知，以 $s_1^2=4000^2$ 估計 σ_1^2, $s_2^2=3600^2$ 估計

σ_2^2，計算自由度

$$v=\frac{\left[\dfrac{s_1^2}{n_1}+\dfrac{s_2^2}{n_2}\right]^2}{\dfrac{(s_1^2/n_1)^2}{n_1-1}+\dfrac{(s_2^2/n_2)^2}{n_2-1}}$$

$$=\frac{\left[\dfrac{4000^2}{16}+\dfrac{3600^2}{25}\right]^2}{\dfrac{(4000^2/16)^2}{15}+\dfrac{(3600^2/25)^2}{24}}$$

$$=29.6098$$

所以自由度 $v=30$。在 $1-\alpha=0.95$, $\alpha=0.05$, $\alpha/2=0.025$，查 t 分配表得 $t_{0.025}(30)=2.042$。由區間估計公式可得 95%信賴區間為

$$\left(\bar{x}_1-\bar{x}_2-t_{\alpha/2}(v)\sqrt{\frac{s_1^2}{n_1}+\frac{s_2^2}{n_2}},\right.$$

$$\left.\bar{x}_1-\bar{x}_2+t_{\alpha/2}(v)\sqrt{\frac{s_1^2}{n_1}+\frac{s_2^2}{n_2}}\right)$$

$$=\left(4000-2.042\sqrt{\frac{4000^2}{16}+\frac{3600^2}{25}},\right.$$

$$\left.4000+2.042\sqrt{\frac{4000^2}{16}+\frac{3600^2}{25}}\right)$$

$$=(4000-2516.22, 4000+2516.22)$$

$$=(1483.78, 6516.22)\ (公里)$$

17. 由成對差異實驗得到 12 對的觀察值，其成對差的平均數為 $\bar{d}=12$，變異數 $S_d=6$。試建立母體成對差 μ_d 的 95% 信賴區間。

（假設成對差服從常態分配）

【解】：

已知 $n=12$, $\bar{d}=12$, $s_d=6$，且爲常態母體。$1-\alpha=0.95$，$\alpha=0.05$, $\alpha/2=0.025$，查自由度 $v=n-1=12-1=11$的 t 分配表得 $t_{0.025}(11)=2.201$。根據區間估計式得到95%信賴區間爲

$$(\bar{d}-t_{\alpha/2}(v)s_d/\sqrt{n},\ \bar{d}+t_{\alpha/2}(v)s_d/\sqrt{n})$$
$$=(12-2.201\times6/\sqrt{12},\ 12+2.201\times6/\sqrt{12})$$
$$=(12-3.81,\ 12+3.81)$$
$$=(8.19,\ 15.81)$$

18. 請由卡方分配表及F分配表，回答下列各子題：

(1)$\chi^2_{0.10}(15)=?$

(2)$\chi^2_\alpha(12)=21.0261$，則$\alpha=?$

(3)$\chi^2_{0.975}(20)=?$

(4)$F_{0.01}(3,9)=?$

(5)$F_\alpha(5,5)=5.05$，則$\alpha=?$

【解】：

(1)$\chi^2_{0.10}(15)=22.3072$

(2)$\chi^2_\alpha(12)=21.0261$, 查表得

$\alpha=0.05$

(3)$\chi^2_{0.975}(20)=9.59083$

(4)$F_{0.01}(3,9)=6.99$

(5)$F_a(5, 5) = 5.05$, 查 F 分配表得

$\alpha = 0.05$

19. 由常態母體中隨機抽取 $n=17$ 個觀察值, 經計算得到樣本平均數 $\bar{x}=5.35$, 標準差 $s=0.33$。試建立母體變異數 σ^2 的 90% 信賴區間。

【解】:

已知 $n=17$, $\bar{x}=5.35$, $s=0.33$ 且爲常態母體。$1-\alpha=90\%$, $\alpha=0.10$, $\alpha/2=0.05$, $1-\alpha/2=0.95$, 查卡方分配表, 自由度 $v=n-1=17-1=16$ 的卡方值得

$$\chi^2_{0.05}(16) = 26.2962, \quad \chi^2_{0.95}(16) = 7.96164$$

根據區間估計公式可得 σ^2 90% 信賴區間爲

$$\left(\frac{(n-1)s^2}{\chi^2_{0.05}(16)}, \frac{(n-1)s^2}{\chi^2_{0.95}(16)} \right)$$

$$= \left(\frac{(17-1)0.33^2}{26.2962}, \frac{(17-1)0.33^2}{7.96164} \right)$$

$$= (0.06626, 0.21885)$$

20. 某工廠管理部門欲對甲、乙兩廠的工作表現差異進行研究。根據隨機抽出甲、乙兩廠樣本數分別爲 $n_1=16$, $n_2=10$, 得到平均成品數分別爲 $\bar{x}_1=16.5$, $\bar{x}_2=15.3$, 標準差分別爲 $s_1=0.5$, $s_2=0.4$。假設甲、乙兩廠的工作表現(以成品數衡量)服從常態分配, 且兩組樣本爲獨立。試建立兩廠工作表現變異數比(σ_1^2/σ_2^2)的 95% 信賴區間。

【解】：

已知兩母體均為常態，且 $n_1=16$, $n_2=10$, $\bar{x}_1=16.5$, $\bar{x}_2=15.3$, $s_1=0.5$, $s_2=0.4$。$1-\alpha=0.95$, $\alpha=0.05$, $\alpha/2=0.025$，所以由 F 分配表查自由度為 $v_1=n_1-1=16-1=15$ 及 $v_2=n_2-1=10-1=9$, $\alpha/2=0.025$，所對應的 F 值得

$$F_{\alpha/2}(v_1, v_2)=F_{0.025}(15, 9)=3.77$$

$$F_{\alpha/2}(v_2, v_1)=F_{0.025}(9, 15)=3.12$$

根據區間估計公式可得 (σ_1^2/σ_2^2) 95% 信賴區間為

$$\left(\frac{s_1^2}{s_2^2}\cdot\frac{1}{F_{\alpha/2}(v_1,v_2)}, \frac{s_1^2}{s_2^2}F_{\alpha/2}(v_2, v_1)\right)$$

$$=\left(\frac{0.5^2}{0.4^2}\times\frac{1}{3.77}, \frac{0.5^2}{0.4^2}\times 3.12\right)$$

$$=(0.4145, 4.875)$$

第十二章　假設檢定

1. 何謂型 I 誤差? 何謂型 II 誤差?

【解】:

眞實狀況是虛無假設 H_0 爲眞, 但採取的決策是拒絕虛無假設 H_0, 此時是錯誤的決策, 定義此種誤差爲型 I 誤差。

眞實狀況是虛無假設 H_0 爲僞, 但採取的決策是不拒絕虛無假設 H_0, 此時是錯誤的決策, 定義此種錯誤爲型 II 誤差。

2. 何謂檢定力?

【解】:

當虛無假設爲僞時, 能夠正確檢定出的機率稱爲檢定力, 以 $1-\beta$ 表示, 即

$$1-\beta = 1 - P(\text{型 II 誤差})$$
$$= 1 - P(\text{不拒絕} H_0 | H_0 \text{爲僞})$$
$$= P(\text{拒絕} H_0 | H_0 \text{爲僞})$$
$$= P(\text{拒絕} H_0 | H_1 \text{爲眞})$$

3. 何謂 p 值?

【解】:

根據樣本所計算的檢定統計量值，並由統計量的機率分配查出能觀察到該值或比該值更極端的所有可能值的機率，即為 p 值。p 值可以視為是能夠拒絕虛無假設的最小顯著水準 α，因此又稱為觀察的顯著水準。如果 p 值很小，這表示在虛無假設為真下，僅有很小的機率才可能觀察到的資料，卻在樣本中出現，因此應做拒絕虛無假設的決策。

4. 某廠商宣稱其產品的市場占有率至少為$p=0.40$，令隨機抽樣$n=25$位人士，以檢定廠商的宣稱是否真實。令 X 為樣本中使用該產品的人數，試回答下列各子題：

⑴拒絕區域為$R=\{x\leq 6\}$，計算型 I 誤差的機率。

⑵在拒絕區域為$R=\{x\leq 6\}$下，若對立假設$H_1:p=0.20$，則型 II 誤差的機率為何？檢定力為何？

【解】：

依題意，虛無假設
$$H_0:p=0.4,$$
對立假設
$$H_1:p<0.4。$$
樣本數 $n=25$，使用該產品的人數 X 服從二項分配 $B(n, p)$。

⑴$R=\{X\leq 6\}$，則型 I 誤差的機率
$$\alpha=P(拒絕\ H_0|H_0\ 為真)$$
$$=P(X\leq 6|P=0.4)$$

$$= \sum_{x=0}^{6} \binom{25}{x} 0.4^x 0.6^{25-x}$$

查二項分配表 $B(25, 0.4)$ 得

$$\alpha = \sum_{x=0}^{6} \binom{25}{x} 0.4^x 0.6^{25-x}$$

$$= 0.074$$

(2)拒絕區 $R = \{x \leq 6\}$，對立假設 $H_1 : p = 0.2$，則型 II 誤差的機率

$$\beta = P(\text{不拒絕 } H_0 | H_0 \text{ 為偽})$$

$$= P(X > 6 | H_1 \text{為眞})$$

$$= P(X > 6 | p = 0.2)$$

$$= \sum_{x=7}^{25} \binom{25}{x} 0.2^x 0.8^{25-x}$$

查二項分配表 $B(25, 0.2)$ 得

$$\sum_{x=0}^{x=6} \binom{25}{x} 0.2^x 0.8^{25-x} = 0.78$$

所以　　$\beta = 1 - P(X \leq 6 | p = 0.2)$

$$= 1 - 0.78$$

$$= 0.22$$

至於檢定力

$$1 - \beta = 1 - 0.22 = 0.78$$

5. 電池製造商宣稱其產品的平均壽命爲 200 小時，今隨機抽樣 $n = 36$ 個產品進行測試，得到平均壽命 $\overline{x} = 185$ 小時，標準差 爲 $s = 36$。試以顯著水準 $\alpha = 0.01$ 檢定該製造商的宣稱是否過

高。

【解】：

欲檢定該製造商的宣稱是否過高，故虛無假設為

$$H_0 : \mu = 200,$$

對立假設為

$$H_1 : \mu < 200 。$$

已知 $n = 36$, $\bar{x} = 185$, $s = 36$，是大樣本，以 s 估計 σ，檢定統計量值

$$
\begin{aligned}
Z_0 &= \frac{\bar{x} - \mu_0}{s / \sqrt{n}} \\
&= \frac{185 - 200}{36 / \sqrt{36}} \\
&= -2.5
\end{aligned}
$$

由顯著水準 $\alpha = 0.01$，及對立假設為左尾檢定，所以拒絕區域為

$$R = \{ Z < -2.33 \}$$

由於檢定量值 Z_0 落在拒絕區域內，即 $Z_0 < -Z_{0.01}$，故拒絕虛無假設，即該製造商的宣稱過高。

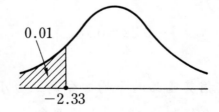

0.01

-2.33

6. 某觀光飯店客房部對其客戶調查是否對客房清潔感到滿意。120 位客戶中有 90 位客戶感到滿意，試檢定是否有八成(或以上)的客戶對清潔感到滿意。令顯著水準為 $\alpha = 0.05$。

【解】：

$n = 120, x = 90$，所以 $\bar{p} = \dfrac{x}{n} = \dfrac{90}{120} = 0.75$。欲對母體比例 p 進行檢定，虛無假設為

$$H_0 : p = 0.8,$$

對立假設為

$$H_1 : p < 0.8。$$

計算統計量值

$$Z_0 = \frac{\bar{p} - p_0}{\sqrt{\dfrac{p_0(1 - p_0)}{n}}}$$

$$= \frac{0.75 - 0.8}{\sqrt{\dfrac{0.8 \times 0.2}{120}}}$$

$$= -1.37$$

由於對立假設為左尾檢定，顯著水準 $\alpha = 0.05$，故查標準常態分配表，得臨界值 $-Z_{0.05} = -1.645$。

統計量值 $Z_0 > -Z_{0.05} = -1.645$，故不拒絕虛無假設，即不拒絕有八成的客戶對清潔感到滿意。

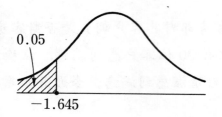

$$0.05$$
$$-1.645$$

7. 若 $n_1 = n_2 = 36$, 且 $\bar{x}_1 = 50$, $\bar{x}_2 = 48$, $s_1 = 5$, $s_2 = 4$, 試在顯著水準 $\alpha = 0.05$ 下, 檢定虛無假設 $H_0: \mu_1 - \mu_2 = 0$ 與對立假設 $H_1: \mu_1 - \mu_2 > 0$。

【解】:

$n_1 = n_2 = 36$, 皆為大樣本, 以 $s_1 = 5$, $s_2 = 4$ 估計母體標準差 σ_1、σ_2。計算統計量值

$$Z_0 = \frac{(\bar{x}_1 - \bar{x}_2) - (\mu_1 - \mu_2)}{\sqrt{\dfrac{s_1^2}{n_1} + \dfrac{s_2^2}{n_2}}}$$

$$= \frac{(50 - 48) - 0}{\sqrt{\dfrac{5^2}{36} + \dfrac{4^2}{36}}}$$

$$= 1.87$$

因為對立假設為右尾, 查 $\alpha = 0.05$ 的標準常態分配得臨界值為　　$Z_{0.05} = 1.645$。

統計量值大於臨界值, 即

$$Z_0 = 1.87 > Z_{0.05} = 1.645$$

故拒絕虛無假設, 即資料顯示 $\mu_1 > \mu_2$。

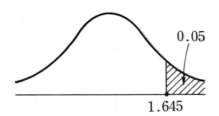

8. 比較城市與鄉村已婚婦女就業比例。經調查得知 160 位城市已婚婦女中有 98 人就業，90 位鄉村已婚婦女中有 40 人就業。試在顯著水準爲 5% 下，檢定城市已婚婦女的就業比例比鄉村已婚婦女就業比例高出二成。

【解】：

已知 $n_1=160$，$x_1=98$，$n_2=90$，$x_2=40$。令 p_1、p_2 分表爲城市、鄉村已婚婦女的就業比例，則

$$\bar{p}_1=\frac{98}{160}=0.6125,\ \bar{p}_2=\frac{40}{90}=0.4444。$$

依題意，虛無假設爲

$$H_0:p_1-p_2=0.2,$$

對立假設爲

$$H_1:p_1-p_2\neq0.2。$$

檢定統計量值爲

$$Z_0=\frac{(\bar{p}_1-\bar{p}_2)-\delta_0}{\sqrt{\dfrac{\bar{p}_1(1-\bar{p}_1)}{n_1}+\dfrac{\bar{p}_2(1-\bar{p}_2)}{n_2}}}$$

$$=\frac{(0.6125-0.4444)-0.2}{\sqrt{\dfrac{0.6125\times0.3875}{160}+\dfrac{0.4444\times0.5556}{90}}}$$

$$=-0.4907$$

$\alpha=0.05$，對立假設為雙尾檢定，故查標準常態分配表，得臨界值為

$$Z_{0.025}=1.96,$$

因為 $|Z_0|=0.4907<Z_{0.025}=1.96$，故不拒絕虛無假設，即城市已婚婦女的就業比例比鄉村已婚婦女的就業比例高出二成。

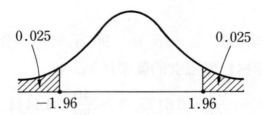

9. 由兩組獨立樣本，測試具有屬性 A 的比例，得到下列資料：

	樣本數	具有屬性 A 個數
樣本 1	110	55
樣本 2	90	40

試以顯著水準 $\alpha=0.05$，檢定母體比例 p_1 與 p_2 是否相等。

【解】：

$n_1 = 110$, $x_1 = 55$, $n_2 = 90$, $x_2 = 40$,　所以

$$\bar{p} = \frac{x_1 + x_2}{n_1 + n_2} = \frac{55 + 40}{110 + 90} = \frac{95}{200} = 0.475,$$

$$\bar{p}_1 = \frac{55}{110} = 0.5,$$

$$\bar{p}_2 = \frac{40}{90} = 0.444\dot{4}。$$

虛無假設為　　　$H_0 : p_1 = p_2,$

對立假設為　　　$H_1 : p_1 \neq p_2。$

計算檢定統計量值

$$Z_0 = \frac{(\bar{p}_1 - \bar{p}_2) - 0}{\sqrt{\dfrac{\bar{p}(1 - \bar{p})}{n_1} + \dfrac{\bar{p}(1 - \bar{p})}{n_2}}}$$

$$= \frac{(0.5 - 0.4444) - 0}{\sqrt{\dfrac{0.475 \times 0.525}{110} + \dfrac{0.475 \times 0.525}{90}}}$$

$$= 0.7833$$

顯著水準 $\alpha = 0.05$，且對立假設為雙尾檢定，故臨界值為
$Z_{0.025} = 1.96$

因為　　　$|Z_0| = 0.7833 < Z_{0.025} = 1.96$

故不拒絕虛無假設，即母體比例 p_1 與 p_2 相等。

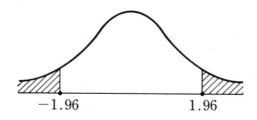

10. 由常態分配中，隨機抽出樣本數$n=10$的資料如下：

$$3.6 \quad 3.4 \quad 6.2 \quad 3.8 \quad 5.5$$

$$4.8 \quad 5.8 \quad 6.0 \quad 4.0 \quad 3.0$$

試以顯著水準$\alpha=0.01$，檢定母體平均數μ是否等於 4.5。

【解】：

根據資料計算樣本平均數及樣本變異數：

$$\bar{x} = \frac{1}{10}(3.6 + 3.4 + 6.2 + 3.8 + 5.5 + 4.8 + 5.8 + 6.0$$

$$+ 4.0 + 3.0)$$

$$= 4.61$$

$$s^2 = \frac{1}{n-1}(\Sigma x_i^2 - n\bar{x}^2)$$

$$= \frac{1}{9}(3.6^2 + 3.4^2 + 6.2^2 + 3.8^2 + 5.5^2 + 4.8^2 + 5.8^2$$

$$+ 6.0^2 + 4.0^2 + 3.0^2 - 10 \times 4.61^2)$$

$$= 1.4232$$

樣本標準差

$$s = \sqrt{s^2} = 1.1930$$

依題意，虛無假設為

$$H_0 : \mu = 4.5,$$

對立假設為

$$H_1 : \mu \neq 4.5。$$

因爲是常態母體、小樣本，故檢定統計量爲

$$t = \frac{\bar{x} - \mu_0}{s/\sqrt{n}}$$

$$= \frac{4.61 - 4.5}{1.1930/\sqrt{10}}$$

$$= 0.2916$$

$\alpha = 0.01$, $\alpha/2 = 0.005$，對立假設爲雙尾檢定，查 t 分配表
自由度爲 $v = n - 1 = 10 - 1 = 9$ 的查表值

$$t_{0.005}(9) = 3.250$$

因爲檢定統計量值

$$t = 0.2916 < t_{0.005}(9) = 3.25$$

故不拒絕虛無假設，即不拒絕母體平均數爲4.5的假設。

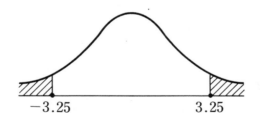

11. 比較中、美兩國兒童換乳齒的平均年齡差異。今隨機抽取中
國兒童 $n_1 = 20$ 人，美國兒童 $n_2 = 22$ 人，計算得到開始換乳齒
的平均年齡爲 $\bar{x}_1 = 7.5$, $\bar{x}_2 = 5.2$, 標準差爲 $s_1 = 1.8$, $s_2 = 1.1$。
試檢定在顯著水準 $\alpha = 0.05$ 下，中、美兩國兒童換乳齒的平均
年齡差異 $\mu_1 - \mu_2$ 是否超過二年。(假設兩國兒童換乳齒的年齡
變異數相等 $\sigma_1{}^2 = \sigma_2{}^2$，且各國兒童換乳齒的年齡分布呈常態分

配。)

【解】:

已知 $n_1=20$, $n_2=22$, $\bar{x}_1=7.5$, $\bar{x}_2=5.2$, $s_1=1.8$, $s_2=1.1$, $\alpha=0.05$, $\sigma_1^2=\sigma_2^2$，且兩母體皆爲常態母體。根據題意，虛無假設爲

$$H_0 : \mu_1 - \mu_2 = 2,$$

對立假設爲

$$H_1 : \mu_1 - \mu_2 > 2。$$

計算混合的樣本變異數

$$s_p^2 = \frac{(n_1-1)s_1^2 + (n_2-1)s_2^2}{n_1+n_2-2}$$

$$= \frac{(20-1)1.8^2 + (22-1)1.1^2}{20+22-2}$$

$$= 2.17425$$

所以　　$s_p = 1.4745。$

計算樣本統計量

$$t = \frac{(\bar{x}_1 - \bar{x}_2) - \delta_0}{s_p \sqrt{\dfrac{1}{n_1} + \dfrac{1}{n_2}}}$$

$$= \frac{(7.5-5.2)-2}{1.4745 \sqrt{\dfrac{1}{20} + \dfrac{1}{22}}}$$

$$= 0.6585$$

對立假設爲右尾檢定，所以查 $\alpha=0.05$，自由度爲

$$v = n_1 + n_2 - 2 = 20 + 22 - 2 = 40$$

的 t 分配值得

$$t_{0.05}(40)=1.684$$

因爲 $t=0.6585<t_{0.05}(40)=1.684$，故不拒絕虛無假設，即中美兩國兒童換乳齒的平均年齡不超過兩年。

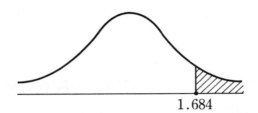

1.684

12. 根據習題 11，假設兩國兒童換乳齒年齡的母體變異數不相等，試檢定 $\mu_1-\mu_2$ 是否超過二年。

【解】：

續 11 題之資料，與假設檢定，但 $\sigma_1^2\neq\sigma_2^2$，故先計算自由度

$$v=\frac{\left(\dfrac{s_1^2}{n_1}+\dfrac{s_2^2}{n_2}\right)^2}{\dfrac{\left(\dfrac{s_1^2}{n_1}\right)^2}{n_1-1}+\dfrac{\left(\dfrac{s_2^2}{n_2}\right)^2}{n_2-1}}$$

$$=\frac{\left(\dfrac{1.8^2}{20}+\dfrac{1.1^2}{22}\right)^2}{\dfrac{\left(\dfrac{1.8^2}{20}\right)^2}{20-1}+\dfrac{\left(\dfrac{1.1^2}{22}\right)^2}{22-1}}$$

$$=30.8717$$

將小數進位，自由度爲 $v=31$。

計算自由度 $v=31$ 的統計量值

$$t=\frac{(\bar{x}_1-\bar{x}_2)-\delta_0}{\sqrt{\dfrac{s_1^2}{n_1}+\dfrac{s_2^2}{n_2}}}$$

$$=\frac{(7.5-5.2)-2}{\sqrt{\dfrac{1.8^2}{20}+\dfrac{1.1^2}{22}}}$$

$$=0.6440$$

查自由度為 $v=31$, $\alpha=0.05$ 的 t 分配查表值得

$$t_{0.05}(40)=1.684 < t_{0.05}(31) < t_{0.05}(30)=1.697$$

因此　　　$t=0.6440 < t_{0.05}(31)$

故不拒絕虛無假設。

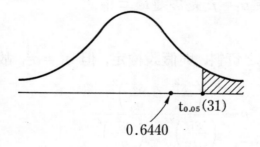

13. 某減肥中心推出三個月減肥計畫，今隨機抽取 7 名參與減肥
    者，分別測得其減肥計畫前後的體重(公斤)，資料如下：

減肥計畫前	78	83	85	76	80	76	75
減肥計畫後	76	80	84	75	76	72	74

試在顯著水準 $\alpha = 0.05$ 下，檢定減肥計畫是否有顯著減肥效果存在。(假設減肥計畫前後的體重差服從常態分配)

【解】：

$n = 7$，由資料計算成對差有關計算表如下：

d_i	2	3	1	1	4	4	1	$\sum\limits_{i=1}^{7} d_i = 16$
d_i^2	4	9	1	1	16	16	1	$\sum\limits_{i=1}^{7} d_i^2 = 48$

所以　$\bar{d} = \sum\limits_{i=1}^{7} d_i / 7 = 2.2857$

$$s_d^2 = \left(\sum_{i=1}^{7} d_i^2 - n\bar{d}^2 \right) / (n-1)$$
$$= (48 - 7 \times 2.2857^2)/6$$
$$= 1.9048$$

令減肥計畫後的減少體重爲 d_i，而其母體平均數爲 μ_d，則虛無假設爲

$$H_0 : \mu_d = 0,$$

對立假設爲

$$H_1 : \mu_d > 0。$$

因爲 d_i 服從常態分配，且資料爲小樣本，故統計量值爲

$$t = \frac{\bar{d} - \delta_0}{s_d / \sqrt{n}}$$

$$=\frac{2.2857-0}{\sqrt{1.9048/7}}$$

$$=4.3817$$

因爲對立假設爲右尾檢定，$\alpha=0.05$，故查自由度爲 $v=n-1=7-1=6$, $\alpha=0.05$的 t 分配查表值得

$$t_{0.05}(6)=1.943$$

統計量值 $t=4.3817$大於查表值$t_{0.05}(6)=1.943$，故拒絕虛無假設，即減肥計畫有成效存在。

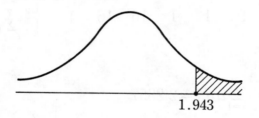

1.943

14. 由常態母體中隨機抽取$n=13$ 的樣本，計算得到$\bar{x}=20$, $s^2=2.5$, 試在顯著水準$\alpha=0.05$下，檢定母體變異數σ^2是否不小於 3。

【解】:

已知 $n=13$, $\bar{x}=20$, $s^2=2.5$, $\alpha=0.05$。根據題意，建立虛無假設

$$H_0:\sigma^2=3,$$

對立假設

$$H_1:\sigma^2<3。$$

計算卡方統計量值

$$\chi_0^2 = \frac{(n-1)s^2}{\sigma_0^2} = \frac{(13-1)2.5}{3} = 10$$

對立假設為左尾檢定，故查 $\alpha = 0.05$，自由度為 $n-1 = 13-1 = 12$ 的卡方分配查表值

$$\chi_{1-\alpha}^2(n-1) = \chi_{0.95}^2(12) = 5.22603$$

而統計量值大於查表值，即

$$\chi_0^2 = 10 > \chi_{1-\alpha}^2(n-1) = 5.22603$$

故不拒絕虛無假設，即母體變異數 σ^2 不小於 3。

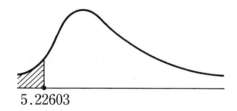

5.22603

15. 由過去三年來，國內基金及國內股市分別隨機抽取 $n_1 = 8$, $n_2 = 20$，計算其平均報酬率得到 $\bar{x}_1 = 12.3\%$，$\bar{x}_2 = 10.5\%$，且標準差分別為 $s_1 = 3.5$, $s_2 = 3.0$。假設母體的報酬率皆為常態分配，試在顯著水準 $\alpha = 0.05$ 下，檢定國內基金與國內股市的報酬率標準差(風險)是否相等。

【解】：

已知 $n_1 = 8, n_2 = 20$, $\bar{x}_1 = 12.3\%$, $\bar{x}_2 = 10.5\%$, $s_1 = 3.5$, $s_2 = 3.0$，兩母體報酬率皆為常態分配，$\alpha = 0.05$。依題意，虛無假設為

$$H_0: \sigma_1^2 = \sigma_2^2, \quad (\text{即} \sigma_1 = \sigma_2)$$

對立假設為

$$H_1: \sigma_1^2 \neq \sigma_2^2。$$

F統計量值

$$F_0 = \frac{s_1^2}{s_2^2} = \frac{3.5^2}{3.0^2} = 1.3611$$

對立假設為雙尾檢定，且 $F_0 > 1$，故查 $\alpha/2 = 0.025$，自由度 $v_1 = (n_1 - 1) = 8 - 1 = 7$，$v_2 = (n_2 - 1) = 20 - 1 = 19$，的 F 查表值得

$$F_{\alpha/2}(n_1 - 1, \ n_2 - 1) = F_{0.025}(7, 19) = 3.05$$

因為 $\qquad F_0 = 1.3611 < F_{0.025}(7, 19) = 3.05$

故不拒絕虛無假設，即不拒絕兩個報酬率的風險相等的假設。

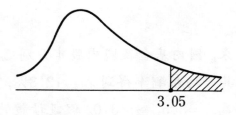

3.05

第十三章　卡方檢定

1. 假設在某一新開張的百貨公司有四種名牌襯衫可供消費者選擇，今隨機抽出 250 位客戶，發現購買情形如下：

名牌襯衫	1	2	3	4
人數	65	52	60	73

試在顯著水準 $\alpha = 0.05$ 下，檢定消費者對不同名牌是否有偏好上的差異存在。

【解】：

依題意，令虛無假設為

$$H_0 : p_1 = p_2 = p_3 = p_4 = 0.25$$

對立假設為

$$H_1 : 至少有一個以上的 p_i \neq 0.25。$$

若虛無假設為真，則各細格的期望次數為

$$e_i = n \times p_i^0 = 250 \times 0.25 = 62.5，其中 i = 1, 2, 3, 4。$$

各細格觀察次數：

$$o_1 = 65, \ o_2 = 52, \ o_3 = 60, \ o_4 = 73，於是統計量值為$$

$$X_0^2 = \frac{1}{62.5} \Big[(65-62.5)^2 + (52-62.5)^2 + (60-62.5)^2 + (73-62.5)^2 \Big]$$

$$= 3.728$$

查自由度 $k-1=4-1=3$，顯著水準 $\alpha=0.05$ 的卡方分配得到查表值為

$$\chi_{0.05}^2(3) = 7.81473$$

因為 $X_0^2 = 3.728 < \chi_{0.05}^2(3) = 7.81473$

所以不拒絕虛無假設，即目前資料顯示，消費者對不同名牌沒有偏好差異存在。

2. 已知臺北市及大同區的就業者教育程度結構如下表所列：

教育程度	臺北市 （以百分比表示）	大同區 （人數）
國小及以下	29	320
國中	19	201
高中	9	95
高職	24	194
專科	11	100
大學及以上	8	90
總　和	100	1,000

試在顯著水準 $\alpha = 0.05$ 下, 檢定大同區的就業者教育程度結構是否與臺北市的就業者教育程度結構一致?

【解】:

依題意, 令虛無假設為

    H_0: 大同區的就業者教育程度結構與臺北市的就業者教育程度結構相同。

對立假設為

    H_1: 大同區與臺北市兩者的就業者教育程度結構不一致。

因為臺北市的資料為百分比, 故可視為一母體分配, 本題旨在檢定大同區資料是否符合臺北市的就業者教育程度結構。

令 1～6 分別代表教育程度由國小及以下至大學以上的分類, 則將各分類的母體百分比、觀察次數、期望次數列表如下:

類別	1	2	3	4	5	6	總和
百分比	29	19	9	24	11	8	100
o_i	320	201	95	194	100	90	1000
e_i	290	190	90	240	110	80	1000

由觀察次數 o_i 及期望次數 e_i, 計算

$$X_0^2 = \sum_{i=1}^{6} \frac{(o_i - e_i)^2}{e_i}$$

$$= \frac{(320-290)^2}{290} + \frac{(201-190)^2}{190} + \frac{(95-90)^2}{90}$$

$$+ \frac{(194-240)^2}{240} + \frac{(100-110)^2}{110} + \frac{(90-80)^2}{80}$$

$$= 14.99$$

自由度爲 $k-1=6-1=5$, $\alpha=0.05$ 的卡方分配查表值爲

$$\chi_{0.05}^2(5) = 11.0705$$

因爲統計量值 $X_0^2 > \chi_{0.05}^2(5)$ 故而拒絕虛無假設，即大同區的就業者教育程度結構與臺北市不同。

3. 已知會計學期中考成績的分組資料爲:

分數組別	次　數
$20 \leq X < 30$	3
$30 \leq X < 40$	7
$40 \leq X < 50$	11
$50 \leq X < 60$	20
$60 \leq X < 70$	10
$70 \leq X < 80$	6
$80 \leq X < 90$	5
總和	62

試在顯著水準 $\alpha=0.05$ 下，檢定會計學期中考分數是否呈常態分配。假設樣本平均分數 $\bar{x}=60$, $s=10$。

【解】：

依題意，建立虛無假設與對立假設如下：

H_0：會計學期中考分數呈常態分配，

H_1：會計學期中考分數不爲常態分配。

因爲母體平均數及標準差未知，故以樣本平均數及變異數估計之，因而 $r=2$。利用 $\bar{x}=60, s=10$，先計算各組對應的機率：

$$p_1 = P(20 \leq X < 30)$$
$$= P\left(\frac{20-60}{10} \leq \frac{X-60}{10} < \frac{30-60}{10}\right)$$
$$= P(-4 \leq Z < -3)$$
$$= 0.5 - 0.4987$$
$$= 0.0013$$

$$p_2 = P(30 \leq X < 40)$$
$$= P(-3 \leq Z < -2)$$
$$= 0.4987 - 0.4772$$
$$= 0.0215$$

同理可求得：

$$p_3 = P(40 \leq X < 50) = 0.1359$$
$$p_4 = P(50 \leq X < 60) = 0.3413$$
$$p_5 = P(60 \leq X < 70) = 0.3413$$

$p_6 = P(70 \leq X < 80) = 0.1359$

$p_7 = P(80 \leq X < 90) = 0.0215$

$p_8 = P(90 \leq X < 100) = 0.0013$ (因為 90 分以上的機率
不為零)

根據上列的機率與總人數 $n=62$，計算各組的期望次數:

$e_1 = np_1 = 62 \times 0.0013 = 0.0806$

$e_2 = np_2 = 62 \times 0.0215 = 1.333$

$e_3 = np_3 = 62 \times 0.1359 = 8.4258$

$e_4 = np_4 = 62 \times 0.3413 = 21.1606$

$e_5 = np_5 = 62 \times 0.3413 = 21.1606$

$e_6 = np_6 = 62 \times 0.1359 = 8.4258$

$e_7 = np_7 = 62 \times 0.0215 = 1.333$

$e_8 = np_8 = 62 \times 0.0013 = 0.0806$

因為 e_1、e_2 不足 5，故第 1、2 組與第 3 組合併；e_7、e_8 皆不足 5，故第 7、8 組應與第 6 組合併。合併後的組別與其對應的觀察次數、期望次數如下:

分數組別	觀察次數	期望次數
$20 \leq X < 50$	21	9.8394
$50 \leq X < 60$	20	21.1606
$60 \leq X < 70$	10	21.1606
$70 \leq X < 100$	11	9.8394
總數	62	62.0000

根據上表合併後的觀察次數 o_i 及期望次數 e_i，計算統計量

$$X_0^2 = \sum_{i=1}^{4} \frac{(o_i - e_i)^2}{e_i}$$

$$= \frac{(21-9.8394)^2}{9.8394} + \frac{(20-21.1606)^2}{21.1606} + \frac{(10-21.1606)^2}{21.1606}$$

$$+ \frac{(11-9.8394)^2}{9.8394}$$

$$= 18.7461$$

因為估計二個母體參數 μ 及 σ，所以在顯著水準 $\alpha=0.05$ 下，查自由度為 $k-1-r=4-1-2=1$ 的卡方分配得到 $\chi_{0.05}^2(1)=3.84146$。

由於 X^2 統計量的計算值 $X_0^2=18.7461 > \chi_{0.05}^2(1) = 3.84146$，所以拒絕虛無假設，即會計學期中考分數不為常態分配。

4. 調查不同進修班別與性別之間是否有關聯的研究，依據調查情形列表如下：

進修班別	性　別		總和
	男	女	
工業技術類	58	46	104
電腦資訊類	58	39	97
管理類	38	28	66
外語類	65	68	133
總和	219	181	400

試在顯著水準 $\alpha=0.05$ 下，檢定性別與不同進修班別間是否有關聯？

【解】：

男女進修班別關聯表如下：

進修班別	性　別		列邊際和
	男	女	
工業技術類	58	46	104
電腦資訊類	58	39	97
管理類	38	28	66
外語類	65	68	133
行邊際和	219	181	400

依題意，虛無假設爲

H_0：性別與進修班別相互獨立，

對立假設爲

H_1：性別與進修班別間不獨立。

上表所列各細格爲觀察次數，即

$$o_{11}=58,\ o_{12}=46,\ o_{21}=58,\ o_{22}=39,$$
$$o_{31}=38,\ o_{32}=28,\ o_{41}=65,\ o_{42}=68,$$

至於列邊際和爲

$$a_1=104,\ a_2=97,\ a_3=66,\ a_4=133;$$

行邊際和爲

$$b_1=219,\ b_2=181;$$

總次數 $n=400$，由期望次數公式

$$e_{ij}=\frac{a_i b_j}{n}$$

得到各細格期望次數爲

$$e_{11}=56.94,\ e_{12}=47.06,\ e_{21}=53.1075,\ e_{22}=43.8925,$$
$$e_{31}=36.135,\ e_{32}=29.865,\ e_{41}=72.8175,\ e_{42}=60.1825,$$

根據各細格觀察次數 o_{ij} 及期望次數 e_{ij} 求得卡方統計量值

$$X_0^2=\sum_{i=1}^{4}\sum_{j=1}^{2}\frac{(o_{ij}-e_{ij})^2}{e_{ij}}$$

$$= \frac{(58-56.94)^2}{56.94} + \frac{(46-47.06)^2}{47.06} + \frac{(58-53.1075)^2}{53.1075}$$

$$+ \frac{(39-43.8925)^2}{43.8925} + \frac{(38-36.135)^2}{36.135} + \frac{(28-29.865)^2}{29.865}$$

$$+ \frac{(65-72.8175)^2}{72.8175} + \frac{(68-60.1825)^2}{60.1825}$$

$$= 3.10713$$

在顯著水準 $\alpha = 0.05$ 下，查自由度為

$$(r-1)(c-1) = (4-1)(2-1) = 3$$

的卡方分配查表值為

$$\chi^2_{0.05}(3) = 7.81473$$

因為計算值小於查表值，即

$$X_0^2 = 3.10713 < \chi^2_{0.05}(3) = 7.81473$$

所以不拒絕虛無假設，即男女性別與參加進修班別間沒有關聯。

第十四章　變異數分析

1. 何謂變異數分析？變異數分析有何假設？

   【解】：

   變異數分析係針對多個母體平均數是否相等的問題所提出的檢定方法，其法採一次同時檢定，故顯著水準 α 維持不變；且以自變數來解釋反應變數變異來源的一種分析方法，故名之。

   變異數分析中假定各母體均為常態母體，且有相同的母體變異數。

2. 何謂一因子變異數分析？

   【解】：

   一因子變異數分析是指以一個解釋變數來解釋反應變數變異來源的一種分析方法。由於僅使用一個解釋變數所以稱為一因子，這個因子可以是質的變數，也可以是量的變數。例如，以文、法、商、工、理、醫等不同學院的學位為解釋變數來解釋大學畢業生薪資的變異來源，此時不同學院的學位就是變異數分析的因子，是質的變數。又如，以不同溫度水準為解釋變數來解釋細菌繁殖的數量，此時溫度

就是變異數分析的因子，是量的變數。

3. 某製造商有三個廠分別採行不同的訓練計畫(以A, B, C表示)，今隨機由這三個廠抽出 $n_1=5$, $n_2=4$, $n_3=5$ 個裝配員，測試其裝配產品的時間，列表如下：

工廠	裝配時間				
A	25	32	22	30	28
B	26	28	26	29	
C	30	32	30	29	33

試在顯著水準 $\alpha=0.05$ 下，檢定三個工廠的平均裝配時間是否相同？

【解】：

令 μ_1、μ_2、μ_3 分別代表 A、B、C 三個工廠裝配員的平均裝配時間。虛無假設為

$\quad H_0$：$\mu_1=\mu_2=\mu_3$

對立假設為

$\quad H_1$：至少有二個平均數不相等。

依工廠別計算樣本平均裝配時間為

$$\bar{x}_1=\frac{1}{5}(25+32+22+30+28)=27.4$$

$$\bar{x}_2 = \frac{1}{4}(26+28+26+29) = 27.25$$

$$\bar{x}_3 = \frac{1}{5}(30+32+30+29+33) = 30.8$$

樣本變異數分別爲

$$s_1^2 = \frac{1}{5-1}[(25-27.4)^2+(32-27.4)^2+(22-27.4)^2+(30$$
$$-27.4)^2+(28-27.4)^2] = 15.8$$

$$s_2^2 = \frac{1}{4-1}[(26-27.25)^2+(28-27.25)^2+(26-27.25)^2$$
$$+(29-27.25)^2] = 2.25$$

$$s_3^2 = \frac{1}{5-1}[(30^2+32^2+30^2+29^2+33^2)-5\times30.8^2] = 2.7$$

所以組內平方和爲

$$SSW = (n_1-1)s_1^2+(n_2-1)s_2^2+(n_3-1)s_3^2$$
$$= 4\times15.8+3\times2.25+4\times2.7$$
$$= 80.75$$

組內均方爲

$$MSW = SSW/(n-T)$$
$$= 80.75/(14-3)$$
$$= 7.34$$

由全體樣本計算全體樣本平均數爲

$$\bar{x} = \frac{1}{14}[5\times27.4+4\times27.25+5\times30.8]$$
$$= 28.571$$

所以組間平方和為

$$SSB = n_1(\bar{x}_1 - \bar{x})^2 + n_2(\bar{x}_2 - \bar{x})^2 + n_3(\bar{x}_3 - \bar{x})^2$$

$$= 5 \times (27.4 - 28.571)^2 + 4 \times (27.25 - 28.571)^2 + 5 \times$$

$$(30.8 - 28.571)^2$$

$$= 38.68$$

組間均方為

$$MSB = SSB/(T-1)$$

$$= 38.68/2$$

$$= 19.34$$

至於總平方和為

$$SST = \sum_{j=1}^{T} \sum_{i=1}^{n_j} (x_{ij} - \bar{x})^2$$

$$= \sum_{j=1}^{T} \sum_{i=1}^{n_j} x_{ij}^2 - n\bar{x}^2$$

$$= (25^2 + 32^2 + 22^2 + 30^2 + 28^2 + 26^2 + 28^2 + 26^2 + 29^2$$

$$+ 30^2 + 32^2 + 30^2 + 29^2 + 33^2) - 14 \times 28.571^2$$

$$= 119.43$$

建立變異數分析表如表 14-A-1。

表 14-A-1　裝配時間變異數分析表

變異來源	平方和	自由度	均方	F統計量
組　　間	38.68	2	19.34	2.63
組　　內	80.75	11	7.34	
總　　和	119.43	13		

在顯著水準 $\alpha=0.05$下，查 F 分配表，自由度爲$(2, 11)$得

$$F_{0.05}(2, 11)=3.98$$

由於計算値小於查表値，即

$$F=2.63 < F_{0.05}(2, 11)=3.98$$

故不拒絕三廠裝配員平均裝配時間相等的虛無假設。

4．何謂二因子變異數分析？

【解】：

二因子變異數分析是指以兩個自變數來解釋反應變數變異來源的分析方法。由於使用了兩個自變數，所以稱爲二因子。二因子變異數分析的兩個因子按個別因子的因子水準排列成表格形式，任何因子水準 i(屬第一個因子)與 j(屬第二個因子)的組合可以視爲一個處理，也就是二因子表中(i,j)細格。若各細格只有一個觀察値，此中二因子變異數分析稱爲無重複觀察値的二因子變異數分析，故兩個因子間的交互作用不予考慮；若每一細格中的觀察値個數不只一

個, 即有重複觀察值的二因子變異數分析, 此時可考慮兩個因子間是否有交互作用。

5. 農業試驗所以三種不同品種的稻穀與三種不同成分的肥料測試產量是否會有差異存在。根據稻穀品種及肥料成分得到下列產量(公升):

稻穀品種	肥料成分		
	B_1	B_2	B_3
A_1	36	40	38
A_2	45	35	40
A_3	36	39	32

試在顯著水準 $\alpha = 0.05$ 下, 檢定下列各子題:

(1)是否肥料成分不同對產量多寡有影響?

(2)是否稻穀品種不同對產量多寡有影響?

【解】:

根據資料知道本題為二因子無交互作用無重複觀察值的變異數分析。樣本全體平均數

$$\bar{x} = \sum_{i=1}^{a} \sum_{j=1}^{b} x_{ij}/ab$$

$$= (36+40+38+45+35+40+36+39+32)/3 \times 3$$

$$= 37.89$$

因子 A 的三個因子水準平均數分別爲

$$\bar{x}_1.=\sum_{j=1}^{b}x_{1j}/b=(36+40+38)/3=38$$

$$\bar{x}_2.=\sum_{j=1}^{b}x_{2j}/b=(45+35+40)/3=40$$

$$\bar{x}_3.=\sum_{j=1}^{b}x_{3j}/b=(36+39+32)/3=35.67$$

因子 B 的三個因子水準平均數分別爲

$$\bar{x}._1=\sum_{i=1}^{a}x_{i1}/a=(36+45+36)/3=39$$

$$\bar{x}._2=\sum_{i=1}^{a}x_{i2}/a=(40+35+39)/3=38$$

$$\bar{x}._3=\sum_{i=1}^{a}x_{i3}/a=(38+40+32)/3=36.67$$

於是因子 A 造成的變異爲

$$SSA=b\sum_{i=1}^{a}(\bar{x}_i.-\bar{x})^2$$
$$=3\times[(38-37.89)^2+(40-37.89)^2+(35.67-37.89)^2]$$
$$=28.1778$$

同理，因子 B 造成的變異爲

$$SSB=a\sum_{j=1}^{b}(\bar{x}._j-\bar{x})^2$$
$$=3\times[(39-37.89)^2+(38-37.89)^2+(36.67-37.89)^2]$$
$$=8.1978$$

至於誤差變異爲

$$SSE=\sum_{i=1}^{a}\sum_{j=1}^{b}(x_{ij}-\bar{x}_i.-\bar{x}._j+\bar{x})^2$$

$$=(36-38-39+37.89)^2+(40-38-38+37.89)^2$$
$$+(38-38-36.67+37.89)^2+\cdots+(32-35.67$$
$$-36.67+37.89)^2$$
$$=74.445$$

總變異為

$$SST=SSA+SSB+SSE$$
$$=28.1778+8.1978+74.445$$
$$=110.8206$$

由於 $a=3, b=3$，所以各項變異對應的自由度為

$$(3\times3-1)=(3-1)+(3-1)+(3-1)\times(3-1)$$

即 $8=2+2+4$

根據各項變異及對應自由度，建立二因子變異數分析表如下。

表 14-A-2　稻穀品種與肥料成分二因子變異數分析表

變異來源	平方和	自由度	均方	統計量
「品種」因子	28.1778	2	14.0889	0.7571
「肥料」因子	8.1978	2	4.0989	0.2203
誤差	74.445	4	18.61	
總變異	110.8206	8		

依題意，在顯著水準 $\alpha=0.05$ 下，欲檢定下列虛無假設：

(1)虛無假設 H_0：「稻穀品種」因子效果不顯著，即

$$\tau_1 = \tau_2 = \tau_3 = 0,$$

對立假設 H_1：「稻穀品種」因子效果顯著，即

至少有一個 τ_i 不為 0。

(2)虛無假設 H_0：「肥料成分」因子效果不顯著，即

$$r_1 = r_2 = r_3 = 0,$$

對立假設 H_1：「肥料成分」因子效果顯著，即

至少有一個 r_j 不為 0。

根據表 14-A-2 所列之統計量 F_A 及 F_B，查顯著水準 $\alpha = 0.05$ 下的 F 分配表得到下列結果：

$$F_A = 0.7571 < F_{0.05}(2, 4) = 6.94$$
$$F_B = 0.2203 < F_{0.05}(2, 4) = 6.94$$

換言之，二個檢定都不拒絕虛無假設，即稻穀品種與肥料成分兩個因子對稻穀產量的影響效果都不顯著。

6. 某除草公司為測試除草面積是否受到不同除草工人或不同除草機具的影響，於是進行下列測試：由三位除草工人分別在不同時段(每時段皆為 15 分鐘)隨機的操作三種不同的除草機具，得到下列除草面積資料(平方公尺)：

除草工人	除草機具		
	B_1	B_2	B_3
A_1	20, 26, 22	18, 22, 19	30, 32, 30

A_2	19, 23, 25	19, 16, 15	28, 26, 25
A_3	16, 18, 20	12, 13, 16	19, 20, 21

試在顯著水準 $\alpha=0.05$ 下，檢定下列各子題：

(1)除草工人對於除草面積是否有影響？

(2)除草機具對於除草面積是否有影響？

(3)除草工人與除草機具對於除草面積是否有交互作用？

【解】：

依題意，$a=3$, $b=3$, $k=3$ 的二因子交互作用模型為

$$X_{ijk}=\mu+\tau_i+r_j+(\tau r)_{ij}+e_{ijk}$$

其中 $i=1,2,3$; $j=1,2,3$; $k=1,2,3$。在顯著水準 $\alpha=0.05$ 下，欲檢定下列三個假設：

(1)虛無假設 H_0： $\tau_1=\tau_2=\tau_3=0$，表示除草工人的影響效果不顯著。

　對立假設 H_1： 至少有一個 τ_i 不為 0，表示除草工人的影響效果顯著。

(2)虛無假設 H_0： $r_1=r_2=r_3=0$，表示除草機具的影響效果不顯著。

　對立假設 H_1： 至少有一個 r_j 不為 0，表示除草機具的影響效果顯著。

(3)虛無假設 H_0： $(\tau r)_{ij}=0$，其中 $i=1,2,3$; $j=1,2,3$。表示除草工人與機具間的交互作用不顯著。

對立假設 H_1：至少有一個$(\tau r)_{ij}$ 不爲 0, 表示除草工人與機具間的交互作用顯著。

由樣本資料分別計算下列各樣本平均數：

(1)樣本全體平均數

$$\bar{x} = \sum_{i=1}^{3}\sum_{j=1}^{3}\sum_{k=1}^{3} x_{ijk}/(a \times b \times \mathrm{k})$$

$$= \frac{1}{27}(20+26+22+\cdots+19+20+21)$$

$$= 21.11$$

(2)因子 A 各因子水準的樣本平均數爲

$$\bar{x}_{1..} = \sum_{j=1}^{3}\sum_{k=1}^{3} x_{1jk}/(3 \times 3)$$

$$= \frac{1}{9}(20+26+22+18+22+19+30+32+30)$$

$$= 24.33$$

$$\bar{x}_{2..} = \sum_{j=1}^{3}\sum_{k=1}^{3} x_{2jk}/(3 \times 3)$$

$$= \frac{1}{9}(19+23+25+19+16+15+28+26+25)$$

$$= 21.78$$

$$\bar{x}_{3..} = \sum_{j=1}^{3}\sum_{k=1}^{3} x_{3jk}/(3 \times 3)$$

$$= \frac{1}{9}(16+18+20+12+13+16+19+20+21)$$

$$= 17.22$$

(3)因子 B 各因子水準的樣本平均數爲

$$\bar{x}_{\cdot 1 \cdot} = \sum_{i=1}^{3} \sum_{k=1}^{3} x_{i1k}/(3 \times 3)$$

$$= \frac{1}{9}(20+26+22+19+23+25+16+18+20)$$

$$= 21$$

$$\bar{x}_{\cdot 2 \cdot} = \sum_{i=1}^{3} \sum_{k=1}^{3} x_{i2k}/(3 \times 3)$$

$$= \frac{1}{9}(18+22+19+19+16+15+12+13+16)$$

$$= 16.67$$

$$\bar{x}_{\cdot 3 \cdot} = \sum_{i=1}^{3} \sum_{k=1}^{3} x_{i3k}/(3 \times 3)$$

$$= \frac{1}{9}(30+32+30+28+26+25+19+20+21)$$

$$= 25.67$$

(4)因子 A 與因子 B 在各因子水準組合下的樣本平均數爲

$$\bar{x}_{11 \cdot} = \sum_{k=1}^{3} x_{11k}/3 = \frac{1}{3}(20+26+22) = 22.67$$

$$\bar{x}_{12 \cdot} = \sum_{k=1}^{3} x_{12k}/3 = \frac{1}{3}(18+22+19) = 19.67$$

$$\bar{x}_{13 \cdot} = \sum_{k=1}^{3} x_{13k}/3 = \frac{1}{3}(30+32+30) = 30.67$$

$$\bar{x}_{21 \cdot} = \sum_{k=1}^{3} x_{21k}/3 = \frac{1}{3}(19+23+25) = 22.33$$

$$\bar{x}_{22 \cdot} = \sum_{k=1}^{3} x_{22k}/3 = \frac{1}{3}(19+16+15) = 16.67$$

$$\bar{x}_{23 \cdot} = \sum_{k=1}^{3} x_{23k}/3 = \frac{1}{3}(28+26+25) = 26.33$$

$$\bar{x}_{31.} = \sum_{k=1}^{3} x_{31k}/3 = \frac{1}{3}(16+18+20) = 18$$

$$\bar{x}_{32.} = \sum_{k=1}^{3} x_{32k}/3 = \frac{1}{3}(12+13+16) = 13.67$$

$$\bar{x}_{33.} = \sum_{k=1}^{3} x_{33k}/3 = \frac{1}{3}(19+20+21) = 20$$

由上述各樣本平均數，可以計算各項變異如下：

(1)因子 A 造成的變異為

$$\begin{aligned}
SSA &= bk\sum_{i=1}^{a}(\bar{x}_{i..} - \bar{x})^2 \\
&= 3\times 3[(24.33-21.11)^2 + (21.78-21.11)^2 + (17.22 \\
&\quad -21.11)^2] \\
&= 233.5446
\end{aligned}$$

(2)因子 B 造成的變異為

$$\begin{aligned}
SSB &= ak\sum_{j=1}^{b}(\bar{x}_{.j.} - \bar{x})^2 \\
&= 3\times 3[(21-21.11)^2 + (16.67-21.11)^2 + (25.67 \\
&\quad -21.11)^2] \\
&= 364.6737
\end{aligned}$$

(3)因子 A 與因子 B 交互作用造成的變異為

$$\begin{aligned}
SSI &= k\sum_{i=1}^{a}\sum_{j=1}^{b}(\bar{x}_{ij.} - \bar{x}_{i..} - \bar{x}_{.j.} + \bar{x})^2 \\
&= 3\times[(22.67-24.33-21+21.11)^2 + (19.67 \\
&\quad -24.33-16.67+21.11)^2 + \cdots + (20-17.22 \\
&\quad -25.67+21.11)^2] \\
&= 33.7695
\end{aligned}$$

(4)誤差變異爲

$$SSE = \sum_{i=1}^{a} \sum_{j=1}^{b} \sum_{k=1}^{k} (x_{ijk} - \bar{x}_{ij\cdot})^2$$

$$= (20-22.67)^2 + (26-22.67)^2 + (22-22.67)^2 + \cdots$$

$$+ (19-20)^2 + (20-20)^2 + (21-20)^2$$

$$= 80.6669$$

(5)總變異爲

$$SST = SSA + SSB + SSI + SSE$$

$$= 233.5446 + 364.6737 + 33.7695 + 80.6669$$

$$= 712.6547$$

由於 $a=3$, $b=3$, $k=3$，所以各項變異對應的自由度爲

$$abk-1 = (a-1)+(b-1)+(a-1)(b-1)+ab(k-1)$$

$$3\times3\times3-1 = (3-1)+(3-1)+(3-1)\times(3-1)+3\times3\times(3-1)$$

即 $26 = 2+2+4+18$。

根據各項變異及對應的自由度，建立二因子變異數分析表
如表 14-A-3。

表 14-A-3　除草工人與機具二因子變異數分析表

變異來源	平方和	自由度	均方	統計量
「工人」因子	233.5446	2	116.7723	26.0565
「機具」因子	364.6737	2	182.33685	40.6866
交互作用	33.7695	4	8.4424	1.8838
誤差	80.6669	18	4.4815	
總變異	712.6547	26		

在顯著水準 $\alpha=0.05$下，查 F 分配表的查表值與表14-A-3所列之統計量值 F_A、F_B、F_I 比較，得到下列結果：

$F_A=26.0565>F_{0.05}(2, 18)=3.55$

$F_B=40.6866>F_{0.05}(2, 18)=3.55$

$F_I=1.8838<F_{0.05}(4, 18)=2.93$

所以拒絕前 2 個虛無假設，即「工人」與「機具」兩因子對除草面積有顯著的效果存在；而「工人」與「機具」的交互作用效果對除草面積並不顯著，不拒絕虛無假設。

第十五章　相關與直線迴歸分析

1. 何謂相關係數？何謂直線迴歸分析？

【解】：

　　相關係數是用來衡量兩個隨機變數間直線關係的方向與強弱。例如：公司營業收入與廣告支出兩者間是否具有直線關係？若直線關係存在則此等關係是正向抑或反向？又兩者關係的強弱如何？兩個變數都是隨機的但卻沒有自變數與應變數的區別。

　　直線迴歸分析是在探討自變數 $X_1, X_2, \cdots, X_K$，的變動對應變數 Y 的影響如何(包含模型的建立、參數的估計與預測等)。通常假定自變數是非隨機的固定數。若自變數只有一個，則為簡單直線迴歸分析，否則稱為複直線迴歸分析。

2. 根據《中華民國統計月報》(民國八十三年五月，行政院主計處編印)，列出民國七十二年至八十二年的工業生產價值(新臺幣：億元)及工業總用電量(百萬度)於下表：

民國(年)	工業生產價值	工業總用電量
72	30463.22	26235
73	34660.17	28709
74	34576.76	29414
75	37599.02	33619
76	41220.15	36295
77	43682.52	38783
78	46536.14	40179
79	46976.56	41933
80	51783.45	44592
81	52386.38	45975
82	54701.47	47414

試根據上述資料，回答下列問題：

(1)繪製散布圖。

(2)計算相關係數。

【解】：

　　(1)工業總用電量(百萬度)與工業生產價值(新臺幣：億元)
　　　的散布圖繪於圖 15-A-1。

圖 **15-A-1**　工業總用電量與工業生產價值散布圖

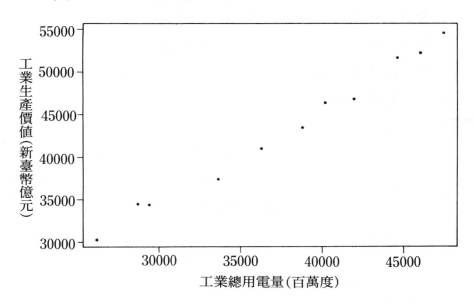

(2)由資料令工業生產價值為 y_i，工業總用電量為 x_i，則計算求得：

$\Sigma x_i = 413,148$　　　　　$\Sigma x_i^2 = 16,052,313,592$

$\Sigma y_i = 474,585.8$　　　　$\Sigma y_i^2 = 21,136,355,953$

$\bar{x} = \Sigma x/11 = 37,558.91$　　$\bar{y} = \Sigma y_i/11 = 43,144.17$

$\Sigma x_i y_i = 18,416,418,768$

所以相關係數

$$r = \frac{\Sigma x_i y_i - n\bar{x}\,\bar{y}}{\sqrt{\Sigma x_i^2 - n\bar{x}^2}\sqrt{\Sigma y_i^2 - n\bar{y}^2}}$$

$$= 0.994914$$

3. 續習題 2 資料，令工業生產價值爲應變數，工業總用電量爲
   自變數。試回答下列各子題：

   ⑴估計母體迴歸線，並繪出該樣本迴歸線。

   ⑵計算 σ^2 的估計值。

   ⑶計算判定係數 R^2。

【解】：

$\quad$ ⑴$s_{XY} = \Sigma x_i y_i - n\bar{x}\bar{y} = 591,492,347$

$\quad\quad s_{XX} = \Sigma x_i^2 - n\bar{x}^2 = 534,925,419$

$\quad\quad s_{YY} = \Sigma y_i^2 - n\bar{y}^2 = 660,745,087$

$\quad$ 所以 $\hat{\beta}_1 = \dfrac{s_{XY}}{s_{XX}} = 1.105747$

$\quad\quad\quad \hat{\beta}_0 = \bar{y} - \hat{\beta}_1 \bar{x} = 1613.504$

$\quad$ 估計的母體迴歸線爲

$\quad\quad \hat{y} = 1613.504 + 1.105747x$

$\quad$ 樣本迴歸線如圖 15-A-2。

$\quad$ ⑵根據⑴可求得應變數的估計值 $\hat{y}_i$，及其對應的殘差 e_i
$\quad\quad$ 如下：

$\hat{y}_i$	30622.79	33358.40	34137.96	38787.62	41746.60	44497.70
e_i	-159.57	1301.77	438.80	-1188.60	-526.45	-815.18
$\hat{y}_i$	46041.33	47980.81	50920.99	52450.24	54041.41	
e_i	494.81	-1004.25	862.46	-63.86	660.06	

$\quad$ 因此 $SSE = \Sigma e_i^2 = 6,704,010$

圖 15-A-2　工業總用電量與工業生產價值迴歸線

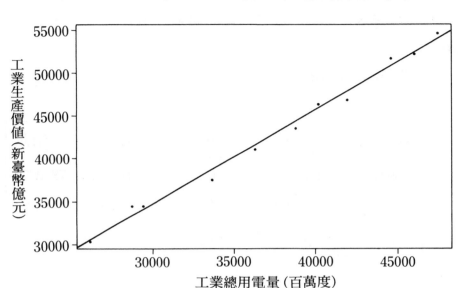

$$\hat{\sigma}^2 = s^2 = SSE/(11-2) = 744,890$$

$$s = 863.0701$$

$$(3)SSR = \frac{s_{XY}^2}{s_{XX}} = 654,041,077$$

$$SST = s_{YY} = SSR + SSE = 660,745,087$$

判定係數 $R^2 = \dfrac{SSR}{SST} = 0.9898539$

因此模型的解釋能力為 98.99%

4.　續習題 2 及習題 3, 回答下列各子題:

(1)建立變異數分析表，檢定模型是否顯著。

(2)建立 β_1 的 95% 信賴區間。

(3)在顯著水準 $\alpha = 0.05$ 下，檢定母體參數 β_1 是否等於 1。

【解】：

(1)變異數分析表如下：

變異來源	平方和	自由度	均方	F統計量
迴歸	654,041,077	1	654,041,077	878.0371
誤差	6,704,010	9	744,890	
總和	660,745,087	10		

依題意，虛無假設為 H_0：$\beta_1 = 0$，

對立假設為 H_1：$\beta_1 \neq 0$。

由於 F 統計量值為878.0371 $> F_{0.01}(1, 9) = 10.56$，所以拒絕虛無假設，即接受母體迴歸參數 β_1 不為零的假設。

(2)由第3題得到：$\hat{\beta}_1 = 1.105747$，$s_{xx} = 534925419$，$s = 863.0701$，且 $n = 11$。因為 $1 - \alpha = 95\%$，所以

$$t_{\alpha/2}(n-2) = t_{0.025}(9) = 2.262$$

β_1 的 95% 信賴區間為

$$\left(\hat{\beta}_1 - t_{\alpha/2}(n-2)\frac{s}{\sqrt{s_{xx}}}, \ \hat{\beta}_1 + t_{\alpha/2}(n-2)\frac{s}{\sqrt{s_{xx}}} \right)$$

即 $$\left(1.105747 - 2.262\frac{863.0701}{\sqrt{534925419}}, \right.$$

$$1.105747 + 2.262 \frac{863.0701}{\sqrt{534925419}} \Big)$$

或　　(1.021337, 1.190157)

(3)依題意，虛無假設為 H_0：$\beta_1 = 1$，

對立假設為 H_1：$\beta_1 \neq 1$。

是為雙尾檢定。而 t 統計量值為

$$t = \frac{\widehat{\beta}_1 - 1}{s / \sqrt{s_{XX}}}$$

$$= \frac{1.105747 - 1}{863.0701 / \sqrt{534925419}}$$

$$= 2.83$$

統計量值 $2.83 > t_{\alpha/2}(n-2) = t_{0.025}(9) = 2.262$，

因此拒絕虛無假設，即 $\beta_1 \neq 1$。

5. 續習題 2～4，回答下列各子題：

(1)建立在工業總用電量 $x_0 = 45000$（百萬度）時，平均工業生產價值的 95％信賴區間。

(2)若工業總用電量 $x_0 = 45000$（百萬度）時，新觀察的工業生產價值 95％信賴區間為何？

【解】：

(1)已知 $x_0 = 45000$，

$$\widehat{y} = \widehat{\beta}_0 + \widehat{\beta}_1 x_0 = 1613.504 + 1.105747 \times 45000$$

$$= 51372.119$$

平均工業生產價值的 95％信賴區間為

$$\left(51372.119 - t_{a/2}(n-2) \cdot s \cdot \sqrt{\frac{1}{n} + \frac{(x_0 - \bar{x})^2}{s_{XX}}},\right.$$

$$\left.51372.119 + t_{a/2}(n-2) \cdot s \cdot \sqrt{\frac{1}{n} + \frac{(x_0 - \bar{x})^2}{s_{XX}}}\right)$$

因為　　　$t_{a/2}(n-2) \cdot s \cdot \sqrt{\frac{1}{n} + \frac{(x_0 - \bar{x})^2}{s_{XX}}}$

$$= 2.262 \times 863.0701 \times \sqrt{\frac{1}{11} + \frac{(45000 - 37558.91)^2}{534925419}}$$

$$= 860.810$$

所以平均工業生產價值的 95% 信賴區間為

(50511.309, 52232.929) 億元。

(2)因為　　　$t_{a/2}(n-2) \cdot s \cdot \sqrt{1 + \frac{1}{n} + \frac{(x_0 - \bar{x})^2}{s_{XX}}}$

$$= 2.262 \times 863.0701 \times \sqrt{1 + \frac{1}{11} + \frac{(45000 - 37558.91)^2}{534925419}}$$

$$= 2133.619$$

因此在工業總用電量 $x_0 = 45000$ 時，新觀察值的工業生產價值 95% 的信賴區間為：

$$\left(\hat{Y}_0 - t_{a/2}(n-2) \cdot s \cdot \sqrt{1 + \frac{1}{11} + \frac{(x_0 - \bar{x})^2}{s_{XX}}},\right.$$

$$\left.\hat{Y}_0 + t_{a/2}(n-2) \cdot s \cdot \sqrt{1 + \frac{1}{11} + \frac{(x_0 - \bar{x})^2}{s_{XX}}}\right)$$

即　　　(51372.119 − 2133.619, 51372.119 + 2133.619)

或　　　(49238.500, 53505.738) 億元。

6. 根據降雨量及溫度，觀察某種水果的收穫量得到下列資料：

觀察值	收穫量（Y）	溫度（X_1）	雨量（X_2）
1	75	29	23
2	54	25	38
3	74	24	12
4	14	16	14
5	29	18	10
6	36	20	14
7	84	31	17
8	27	32	15
9	26	19	13

試根據上述資料回答下列問題：

(1)估計母體迴歸模型：$Y_i = \beta_0 + \beta_1 x_{i1} + \beta_2 x_{i2} + \epsilon_i$ 的未知參數 β_0、β_1 及 β_2。

(2)計算 σ^2 的估計值。

(3)計算複判定係數 R^2 及調整的複判定係數。

【解】：

    (1) $\hat{\beta}_0 = -60.34$

         $\hat{\beta}_1 = 5.01$

         $\hat{\beta}_2 = -0.38,$

所以 $\hat{y} = -60.34 + 5.01x_1 - 0.38x_2$

(2)$SSE = 703.9862$

$$\hat{\sigma}^2 = s^2 = SSE/(n-3)$$

$$= 703.9862/6$$

$$= 117.3310$$

(3)$SSR = \Sigma(\hat{y}_i - \bar{y})^2$

$$= 4600.236$$

$$SST = \Sigma(y_i - \bar{y})^2 = 5304.222$$

所以複判定係數

$$R^2 = \frac{SSR}{SST} = \frac{4600.236}{5304.222}$$

$$= 0.8673$$

調整的複判定係數

$$Adj - R^2 = 1 - \left(\frac{n-1}{n-p-1}\right)(1-R^2)$$

$$= 1 - \left(\frac{9-1}{9-2-1}\right)(1-0.8673)$$

$$= 0.8231$$

7. 續習題 6, 回答下列各子題:

(1)建立變異數分析表, 檢定模型配適情形。

(2)在顯著水準 $\alpha = 0.05$ 下, 檢定 β_1 是否為零。

(3)在顯著水準 $\alpha = 0.05$ 下, 檢定 β_2 是否為零。

【解】:

(1)變異數分析表如下：

變異來源	平方和	自由度	均方	F統計量
迴歸	4600.236	2	2300.118	19.6037
誤差	703.9862	6	117.331	
總和	5304.222	8		

根據變異數分析表進行全盤 F 檢定，虛無假設為

$$H_0: \beta_1 = \beta_2 = 0$$

對立假設為

$$H_1: \beta_1 \ 及 \ \beta_2 \ 不全為零。$$

由於 F 統計量值 $F=19.6037$ 大於顯著水準 $\alpha=0.005$ 下的 F 分配查表值 $F_{0.005}(2, 6)=14.54$，所以拒絕虛無假設，亦即母體迴歸參數不全為零。

(2) $\hat{\beta}_1$ 的估計標準誤

$$\begin{aligned}
s.e.(\hat{\beta}_1) &= s\sqrt{C_{11}} = \sqrt{117.3310}\sqrt{C_{11}} \\
&= 10.83\sqrt{C_{11}} \\
&= 0.85
\end{aligned}$$

根據題意，虛無假設為

$$H_0: \beta_1 = 0$$

對立假設為

$$H_1: \beta_1 \neq 0$$

計算 t 統計量值

$$t = \frac{\hat{\beta}_1 - 0}{s\sqrt{C_{11}}} = \frac{5.01}{0.85} = 5.89$$

因爲 t 統計量值 5.89 大於 $t_{\alpha/2}(n-p-1) = t_{0.025}(6) = 2.447$ 故拒絕虛無假設，即 β_1 不爲零。

(3) $\hat{\beta}_2$ 的估計標準誤

$$s.e.(\hat{\beta}_2) = s\sqrt{C_{22}} = 0.50$$

根據題意，虛無假設爲

$$H_0: \quad \beta_2 = 0$$

對立假設爲

$$H_1: \quad \beta_2 \neq 0$$

爲雙尾檢定，查表值 $t_{\alpha/2}(n-p-1) = t_{0.025}(6) = 2.447$。計算 t 統計量值：

$$t = \frac{\hat{\beta}_2 - 0}{s\sqrt{C_{22}}} = \frac{-0.38}{0.5} = -0.76$$

因爲 $|t| = 0.76 < t_{0.025}(6) = 2.447$，不落在拒絕區內，故不拒絕虛無假設，即不拒絕 $\beta_2 = 0$。

第十六章　指　數

1.　何謂指數? 列舉一些指數的應用, 並說明其限制。

【解】:

指數是用來衡量在不同時間或空間中某種單一或複合現象相對變化的情形。

指數主要是應用於描述經濟現象的變化, 例如我國行政院主計處編製有: 各行業受雇員工平均薪資指數、勞動生產力指數、工業生產指數、製造業銷售量指數、進出口貿易指數、世界各主要國家工業生產總指數。除了在經濟方面外, 指數在其他方面的應用也很廣泛, 例如衛生與環境方面有自然環境污染指數。

指數無法將質的改良列入相對變化的考慮是其限制, 例如: 根據一般家電產品在相隔十年的價格所編製的指數無法看出在十年間家電產品在品質方面所做的改進。

2.　何謂價格指數? 何謂數量指數?

【解】:

價格指數是在探討數量不變的前提下價格變動所造成價值的改變, 例如消費者物價指數。

數量指數是在探討價格不變的情況下，因數量變動所造成價值的改變，例如製造業銷售量指數。

3. 試述簡單綜合價格指數的缺點。

【解】：

(1)易受高價商品價格變動的影響，尤其在此高價商品並非是重要商品時更會扭曲了指數的功用。

(2)各項商品的計價單位可能不同，此時也會使得指數公式的意義混淆不清。

4. 試列舉三種加權綜合價格指數的公式。

【解】：

(1)拉氏價格指數，是以基期數量為權數，公式為

$$I_{n,o} = \frac{\sum\limits_{i=1}^{r} P_{n,i} Q_{o,i}}{\sum\limits_{i=1}^{r} P_{o,i} Q_{o,i}} \times 100$$

(2)斐氏價格指數，是以計算期數量為權數，公式為

$$I_{n,o} = \frac{\sum\limits_{i=1}^{r} P_{n,i} Q_{n,i}}{\sum\limits_{i=1}^{r} P_{o,i} Q_{n,i}} \times 100$$

(3)以固定數量為權數，選定 r 種商品的數量 W_1, W_2, $\cdots$, W_r 為權數，其公式為

$$I_{n,o} = \frac{\sum\limits_{i=1}^{r} P_{n,i} W_i}{\sum\limits_{i=1}^{r} P_{o,i} W_i}$$

5. 我國股票指數所採行的是何種價格指數？

【解】：

我國股票指數自民國五十九年起採斐氏計算期加權綜合價格指數

$$I_{n,o} = \frac{\sum\limits_{i=1}^{N} P_{n,i} Q_{n,i}}{\sum\limits_{i=1}^{N} P_{o,i} Q_{n,i}} \times 100$$

其中 $P_{n,i}$ 為第 i 個選樣股票計算期的市場價格，$P_{o,i}$ 為第 i 個選樣股票基期的市場價格，$Q_{n,i}$ 為第 i 個選樣股票計算期已發行股份總額或已上市股份數總額。至於公式中選樣股票基期市場價格是以民國五十五年全年股價的平均數來代表。

6. 試說明我國經濟部編製下列各指數的意義：
   (1)工業生產指數。
   (2)銷售量指數。
   (3)存貨量指數。

【解】：

(1)工業生產指數在衡量工業部門各項產品生產量在計算期與基期間的相對變動情形。採加權綜合數量指數，公式

為

$$I_{n,o} = \frac{\sum\limits_{i=1}^{N} Q_{n,i} P_{o,i}}{\sum\limits_{i=1}^{N} Q_{o,i} P_{o,i}} \times 100$$

$Q_{n,i}$ 及 $Q_{o,i}$ 分別代表第 i 項產品計算期與基期的生產量；$P_{o,i}$ 為第 i 項產品基期生產淨單價。

(2)銷售量指數在衡量產品銷售量在計算期與基期間的相對變動情形。採加權平均量比指數，即

$$I_{n,o} = \frac{\sum\limits_{i=1}^{N} \left(\dfrac{Q_{n,i}}{Q_{o,i}} \times 100 \right) \times P_{o,i} Q_{o,i}}{\sum\limits_{i=1}^{N} P_{o,i} Q_{o,i}}$$

$$= \sum\limits_{i=1}^{N} \left(\frac{Q_{n,i}}{Q_{o,i}} \right) \times W_i \times 100$$

其中 $Q_{n,i}$、$Q_{o,i}$ 分別代表第 i 項產品計算期、基期的銷售量；$P_{o,i}$ 為第 i 項產品基期銷售單價；$W_i =$

$P_{o,i} Q_{o,i} / \sum\limits_{i=1}^{N} P_{o,i} Q_{o,i}$ 為第 i 項產品基期銷售價值權數。

(3)存貨量指數在衡量產品存貨量在計算期與基期間的相對變化情形。採加權平均量比指數，公式為

$$I_{n,o} = \frac{\sum\limits_{i=1}^{N} \left(\dfrac{Q_{n,i}}{Q_{o,i}} \times 100 \right) \times P_{o,i} Q_{o,i}}{\sum\limits_{i=1}^{N} P_{o,i} Q_{o,i}}$$

$$= \sum\limits_{i=1}^{N} \left(\frac{Q_{n,i}}{Q_{o,i}} \right) \times W_i \times 100$$

其中 $Q_{n,i}$ 為第 i 項產品在計算期的存貨量；$Q_{o,i}$、$P_{o,i}$、

與 $W_i = P_{o,i}Q_{o,i} / \sum\limits_{i=1}^{N} P_{o,i}Q_{o,i}$ 分別表示第 i 項產品在基期
的存貨量、銷售單價、與存貨值權數。

7. 我國主要的物價指數有那兩種?

【解】:

　　⑴蠆售物價指數在衡量企業間商品蠆售交易價格的相對變
　　　動情形。

　　⑵消費者物價指數目的在衡量家庭爲消費所購買之商品或
　　　勞務價格的相對變動情形。主要是依照家庭消費型態,
　　　在各查價地區調查食物、衣著、居住、交通通訊、醫藥
　　　保健、敎養娛樂等方面數百種商品的消費價格進行編製。

　　試根據下列五種商品在 1992 及 1993 年的價格及數量資料,
完成第 8 題至第 11 題各種指數的編製。

商 品	價 格		數 量	
	1992	1993	1992	1993
A	78	83	20	28
B	88	80	30	40
C	55	56	22	18
D	90	95	6	12
E	88	98	10	10

8. 以 1992 年爲基期，1993 年爲計算期，計算 1993 年的簡單綜合價格指數。

【解】：

依題意，$r=5$，1993 年爲計算期，1992 年爲基期，由公式可得簡單綜合價格指數

$$I_{1993,1992}=\frac{\sum\limits_{i=1}^{5}P_{1993,i}}{\sum\limits_{i=1}^{5}P_{1992,i}}\times100$$

$$=\frac{(83+80+56+95+98)}{(78+88+55+90+88)}\times100$$

$$=103.26$$

表示 1993 年商品 $A\sim E$ 的價格要比 1992 年高了 3.26%。

9. 以 1992 年爲基期，1993 年爲計算期，計算下列各指數：

(1)拉氏價格指數。

(2)斐氏價格指數。

【解】：

(1)拉氏價格指數是以基期數量爲權數，

$$I_{n,o}=\frac{\sum\limits_{i=1}^{r}P_{n,i}Q_{o,i}}{\sum\limits_{i=1}^{r}P_{o,i}Q_{o,i}}\times100$$

$$I_{1993,1992}=\frac{(83\times20+80\times30+56\times22+95\times6+98\times10)}{(78\times20+88\times30+55\times22+90\times6+88\times10)}\times100$$

$$=100.18$$

表示在 1993 年購買 1992 年 $A \sim E$ 商品數量所需的花費爲 1992 年購買 $A \sim E$ 商品數量的 100.18%。

(2)斐氏價格指數是以計算期數量爲權數,

$$I_{n,o} = \frac{\sum_{i=1}^{r} P_{n,i}Q_{n,i}}{\sum_{i=1}^{r} P_{o,i}Q_{n,i}} \times 100$$

$$I_{1993,1992} = \frac{(83 \times 28 + 80 \times 40 + 56 \times 18 + 95 \times 12 + 98 \times 10)}{(78 \times 28 + 88 \times 40 + 55 \times 18 + 90 \times 12 + 88 \times 10)} \times 100$$

$$=99.98$$

這表示在 1993 年購買 $A \sim E$ 商品所需的花費爲 1992 年購買與 1993 年同數量的 $A \sim E$ 五種商品的 99.98%。

10. 以 1992 年爲基期, 1993 年爲計算期, 編製:

(1)簡單平均價比指數。

(2)以 1992 年的商品價值爲權數的加權平均價比指數。

【解】:

(1)簡單平均價比指數

$$I_{n,o} = \frac{\sum_{i=1}^{r} \left(\frac{P_{n,i}}{P_{o,i}} \times 100 \right)}{r}$$

$$I_{1993,1992} = \frac{\left(\dfrac{83}{78} + \dfrac{80}{88} + \dfrac{56}{55} + \dfrac{95}{90} + \dfrac{98}{88} \right) \times 100}{5}$$

$$=103.21$$

(2)以 1992 年的商品價值爲權數的加權平均價比指數

$$I_{n,o} = \frac{\sum\limits_{i=1}^{r}\left(\dfrac{P_{n,i}}{P_{o,i}}\times 100\right)W_i}{\sum\limits_{i=1}^{r}W_i}$$

$$= \frac{\sum\limits_{i=1}^{r}\left(\dfrac{P_{n,i}}{P_{o,i}}\times 100\right)(P_{o,i}Q_{o,i})}{\left(\sum\limits_{i=1}^{r}P_{o,i}Q_{o,i}\right)}, \quad (因爲\ W_i = P_{o,i}Q_{o,i})$$

$$= \frac{\sum\limits_{i=1}^{r}P_{n,i}Q_{o,i}}{\sum\limits_{i=1}^{r}P_{o,i}Q_{o,i}}$$

故與拉氏價格指數相同，根據第 9 題(1)之結果，可得 $I_{1993,1992} = 100.18$。

11. 以 1992 年爲基期，1993 年爲計算期，編製：

(1)拉氏基期加權的數量指數。

(2)簡單平均量比指數。

【解】：

(1)拉氏基期加權的數量指數

$$I_{n,o} = \frac{\sum\limits_{i=1}^{r}Q_{n,i}P_{o,i}}{\sum\limits_{i=1}^{r}Q_{o,i}P_{o,i}}\times 100$$

$$I_{1993,1992} = \frac{(28\times 78 + 40\times 88 + 18\times 55 + 12\times 90 + 10\times 88)}{(20\times 78 + 30\times 88 + 22\times 55 + 6\times 90 + 10\times 88)}\times 100$$

$$= 126.71$$

(2)簡單平均量比指數

$$I_{n,o} = \frac{\sum\limits_{i=1}^{r}\left(\dfrac{Q_{n,i}}{Q_{o,i}}\right) \times 100}{r}$$

$$= \frac{\left(\dfrac{28}{20} + \dfrac{40}{30} + \dfrac{18}{22} + \dfrac{12}{6} + \dfrac{10}{10}\right) \times 100}{5}$$

$$= 131.03$$

第十七章　時間序列

1. 何謂時間序列? 何謂時間序列分析?

【解】:

　　時間序列是指一系列具有時間先後順序的觀察值資料, 例如臺灣證券交易所每日的股市收盤總指數、每月工業總用電量。

　　時間序列分析是根據過去的資料找出依時間而變動的型態, 並假設時間序列在未來仍會依循此一型態變動, 因此可以根據找出的型態來預測時間序列的未來值。

2. 時間序列的組成要素有那些? 並解釋各要素的意義。

【解】:

　　時間序列的組成要素有四:

　　⑴長期趨勢——是指時間序列的長期上升或下降的移動。

　　⑵季節變動——是指重複在各年內所發生的一種經常性變動。

　　⑶循環變動——是指沿著長期趨勢逐漸上下起伏的一種變動。此種變動主要源於經濟或商業情況的改變, 通常以 2~15 年為一個循環期。

(4)不規則變動──是指全然無法預測的隨機變動，由於此種變動是不定時發生的事件所造成的，因此對時間序列的影響是暫時性的。

3. 長期趨勢依形狀大致分爲幾種？並列出其模型。

【解】：

(1)直線趨勢，模型爲

$$Y_t = \beta_0 + \beta_1 t + \epsilon_t, \qquad t = 1, 2, \cdots, n$$

(2)二次趨勢，模型爲

$$Y_t = \beta_0 + \beta_1 t + \beta_2 t^2 + \epsilon_t, \qquad t = 1, 2, \cdots, n$$

(3)指數趨勢，模型爲

$$Y_t = K \cdot e^{\beta_1 t}, \quad 即$$

$$l_n Y_t = \beta_0 + \beta_1 t + \epsilon_t, \qquad t = 1, 2, \cdots, n$$

4. 移動平均法可以消除或降低下列那些影響效果？

(a)長期趨勢；(b)季節變動；(c)循環變動；(d)不規則變動。

【解】：

(b)季節變動、(c)循環變動、(d)不規則變動。

5. 列出時間序列相乘模型，並略述對此種模型做預測的步驟。

【解】：

時間序列 y_t 可以乘法的方式分解成各要素：

$$y_t = （長期趨勢） \times （季節變動） \times （循環變動） \times （不規則變動）$$

預測步驟如下：

(1)估計長期趨勢線方程式，以得到長期趨勢值 $\hat{y}_t$。

(2)去除長期趨勢，即求得不含長期趨勢的時間序列

$$y_t/\hat{y}_t = （季節變動）\times（循環變動）\times（不規則變動）$$

(3)以平均方式消除或降低循環及不規則變動，並求算出季節指數 S_t。

(4)第 $(t+h)$ 期的預測值為

$$\tilde{y}_{t+h} = \hat{y}_{t+h} \times S_{t+h}/100$$

$\hat{y}_{t+h}$ 為 $(t+h)$ 期的長期趨勢估計值，S_{t+h} 為 $(t+h)$ 期對應的季節指數。

6.　預測誤差的衡量公式有那些？並簡述其適用性。

【解】：

(1)平均絕對差

$$MAD = \frac{1}{r}\sum_{h=1}^{r}|y_{t+h} - \tilde{y}_{t+h}|$$

(2)均方誤差

$$MSE = \frac{1}{r}\sum_{h=1}^{r}(y_{t+h} - \tilde{y}_{t+h})^2$$

(3)均方誤差平方根

$$RMSE = \sqrt{MSE} = \frac{1}{\sqrt{r}}\sqrt{\sum_{h=1}^{r}(y_{t+h} - \tilde{y}_{t+h})^2}$$

當預測錯誤成本增加與錯誤大小成線性關係時使用平均絕對差；當巨大錯誤須付出大的費用時使用均方誤差或均方

誤差平方根，而均方誤差是將預測誤差平方，所以對於大
的預測誤差有加重衡量的效果，故在預測誤差過大所可能
造成成本遽增的情況下頗爲適用。

7. 下列資料爲民國七十三年至八十二年申請登記成立公司的家
數（單位：百家）。

民國(年)	時期(t)	新設立家數(百家)
73	1	14
74	2	20
75	3	19
76	4	23
77	5	24
78	6	25
79	7	25
80	8	29
81	9	33
82	10	35

試根據上述資料回答下列問題：

(1)繪製新設立家數(單位：百家)的時間序列圖。

(2)估計直線趨勢線，並繪製該趨勢線。

(3)預測民國八十三年的新設立家數。

【解】：

(1)、(2)圖形合併於圖 17-A-1。

(2)根據直線趨勢模型的參數估計公式計算各分項於下表：

民國(年)	73	74	75	76	77	78	79	80	81	82
t	1	2	3	4	5	6	7	8	9	10
y_t	14	20	19	23	24	25	25	29	33	35
ty_t	14	40	57	92	120	150	175	232	297	350
t^2	1	4	9	16	25	36	49	64	81	100

可得 $\bar{t}=5.5$, $\bar{y}=24.7$, $\Sigma ty_t=1527$, $\Sigma t^2=385$。

所以
$$\hat{\beta}_1=\frac{\Sigma ty_t-n\bar{t}\,\bar{y}}{\Sigma t^2-n\bar{t}^2}$$

$$=\frac{1527-10\times 5.5\times 24.7}{385-10\times 5.5^2}$$

$$=2.042424$$

$$\hat{\beta}_0=\bar{y}-\hat{\beta}_1\bar{t}$$

$$=24.7-2.042424\times 5.5$$

$$=13.46667$$

直線趨勢線的估計方程式為

$$\hat{y}_t=13.46667+2.042424\,t$$

在 $t=1, 2, \cdots, 10$ 時所對應的長期趨勢估計值為

$\hat{y}_1 = 13.46667 + 2.042424 \times 1 = 15.50909$

同理，$\hat{y}_2 = 17.55152$, $\hat{y}_3 = 19.59394$, $\hat{y}_4 = 21.63637$, $\hat{y}_5 = 23.67879$, $\hat{y}_6 = 25.72121$, $\hat{y}_7 = 27.76364$, $\hat{y}_8 = 29.80606$, $\hat{y}_9 = 31.84849$, $\hat{y}_{10} = 33.89091$

圖 17-A-1　公司新設立家數與長期趨勢線

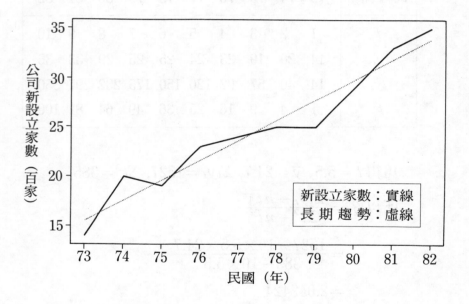

$(3)\hat{y}_{11} = 13.46667 + 2.042424 \times 11$

$= 35.93333$

民國八十三年新設立家數估計為 3593 家。

8. 某電子公司過去十年來的營業額(百萬元)資料如下表所列:

民國(年)	70	71	72	73	74	75	76	77	78	79
時期(t)	1	2	3	4	5	6	7	8	9	10
營業額(百萬元)	13	30	28	18	43	40	66	68	96	126

試根據上述資料，回答下列各子題：

(1)繪製該公司營業額(百萬元)的時間序列圖。

(2)估計二次趨勢模型

$$Y_t = \beta_0 + \beta_1 t + \beta_2 t^2 + \epsilon_t$$

的參數 β_0, β_1 及 β_2。

(3)繪製估計的二次趨勢線。

(4)預測民國八十年的營業額。

【解】：

　　(1)、(3)圖形併於圖 17-A-2。

　　(下頁續)

圖 17-A-2　營業額與長期趨勢線

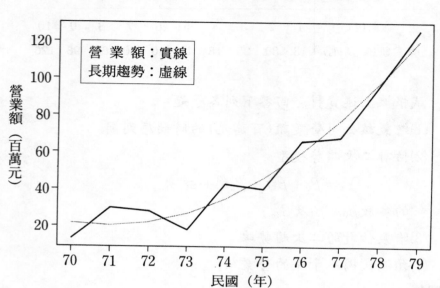

(2)本題以電腦軟體求得

$\widehat{\beta}_0 = 25.9667$, $\widehat{\beta}_1 = -5.886364$, $\widehat{\beta}_2 = 1.537879$

即 $\widehat{y}_t = 25.9667 - 5.886364t + 1.537879t^2$

(4) $\widehat{y}_{11} = 25.96667 - 5.886364 \times 11 + 1.537879 \times 11^2$

$\quad = 147.300025$

民國八十年營業額的預測值爲 147.300025 百萬元。

9.　下列資料爲民國七十八年一月至民國八十二年十二月的國人出國觀光人數(單位:千人)

民國(年)	月											
	1	2	3	4	5	6	7	8	9	10	11	12
78	45	108	70	92	82	61	118	36	13	7	100	129
79	112	71	86	155	157	149	243	225	193	211	167	202
80	159	230	240	254	234	226	304	274	253	255	207	238
81	213	340	305	295	293	300	407	366	337	315	237	293
82	370	300	336	386	340	351	426	362	298	306	251	267

(資料來源:《中華民國統計月報》, 第 298, 305, 326, 339 期,
　　行政院主計處編印。)

根據上述資料, 回答下列問題:

(1)繪製出國觀光人數的時間序列圖。

(2)根據前四年(民國七十八至八十一年)的出國觀光人數資料
　估計長期趨勢線:

$$Y_t = \beta_0 + \beta_1 t + \epsilon_t$$

(3)以時間序列的相乘模型,估計去除長期趨勢後的時間序列。

【解】:

　　(1)如圖 17-A-3 所示。

　　(2)根據民國七十八年至民國八十一年的出國觀光人數資料
　　　估計長期趨勢線爲:

　　　$Y_t = 39.40071 + 6.390957t$

　　　繪出的長期趨勢線如圖 17-A-4 虛線所示。

　　　長期趨勢值如表 17-A-1 所示。

圖 17-A-3　　出國觀光人數的時間序列圖

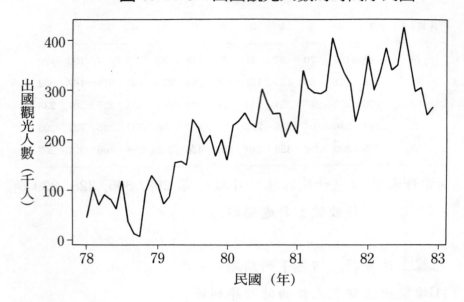

圖 17-A-4　　出國觀光人數與長期趨勢

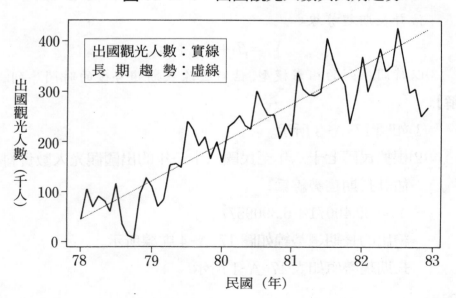

表 17-A-1　出國觀光人數長期趨勢值

民國(年)	一月	二月	三月	四月	五月	六月	七月	八月	九月	十月	十一月	十二月
78	45.79	52.18	58.57	64.96	71.36	77.75	84.14	90.53	96.92	103.31	109.70	116.09
79	122.48	128.87	135.27	141.66	148.05	154.44	160.83	167.22	173.61	180.00	186.39	192.78
80	199.17	205.57	211.96	218.35	224.74	231.13	237.52	243.91	250.30	256.69	263.08	269.48
81	275.87	282.26	288.65	295.04	301.43	307.82	314.21	320.60	326.99	333.38	339.78	346.17
82	352.56	358.95	365.34	371.73	378.12	384.51	390.90	397.29	403.69	410.08	416.47	422.86

(3)去除長期趨勢後的時間序列為 $y_t / \hat{y}_t$，其中 $t = 1, 2, \cdots,$ 48，即

民國(年)	一月	二月	三月	四月	五月	六月	七月	八月	九月	十月	十一月	十二月
78	0.983	2.070	1.195	1.416	1.149	0.785	1.402	0.398	0.134	0.068	0.912	1.111
79	0.914	0.551	0.636	1.094	1.060	0.965	1.511	1.346	1.112	1.172	0.896	1.048
80	0.798	1.119	1.132	1.163	1.041	0.978	1.280	1.123	1.011	0.993	0.787	0.883
81	0.772	1.205	1.057	1.000	0.972	0.975	1.295	1.142	1.031	0.945	0.698	0.846

10. 續習題9，根據去除長期趨勢後的時間序列資料計算季節指數。

【解】：

由上題(3)之表，計算各月平均數，再將各月平均數乘以100%調整成百分比。若將之乘以 1200，除以百分比總和 1204.305，於是可得到季節指數 S_t。各月平均數乘以 100%，及 S_t 值列於下：

	一月	二月	三月	四月	五月	六月	七月	八月	九月	十月	十一月	十二月
平均數×100%	86.69	123.60	100.50	116.84	105.57	92.54	137.21	100.20	82.18	79.46	82.30	97.22
季節指數	86.38	123.16	100.14	116.42	105.19	92.21	136.72	99.85	81.89	79.17	82.00	96.87

11. 續習題 9～10，根據相乘模型預測民國八十二年一月至十二月的出國觀光人數，並計算這十二期預測的平均絕對差，均方誤差，均方誤差平方根，同時繪製出國觀光人數在這五年的實際值及第五年的預測值。

【解】：

(1)根據相乘模型，預測值，

$$\tilde{y}_{t+h} = \hat{y}_{t+h} \times S_{t+h}/100$$

由表 17-A-1 中八十二年的 $\hat{y}_t$，及上題的季節指數 S_t 可求得八十二年各月的預測值如下：

一月	二月	三月	四月	五月	六月	七月	八月	九月	十月	十一月	十二月
304.53	442.08	365.84	432.77	397.76	354.57	534.46	396.68	330.56	324.66	341.51	409.61

(2)這十二期的平均絕對差為

$$MAD = \frac{1}{12} \sum_{h=1}^{12} |y_{t+h} - \tilde{y}_{t+h}|$$

$$= 64.41502$$

均方誤差為：

$$MSE = \frac{1}{12} \sum_{h=1}^{12} (y_{t+h} - \tilde{y}_{t+h})^2$$

$$= 6150.37$$

均方誤差的平方根爲：

$$RMSE = \sqrt{MSE}$$

$$= 78.4243$$

(3)出國觀光人數在七十八～八十二年的實際值與八十二年
　　預測值圖形繪於圖 17-A-5。

圖 17-A-5　出國觀光人數與預測值

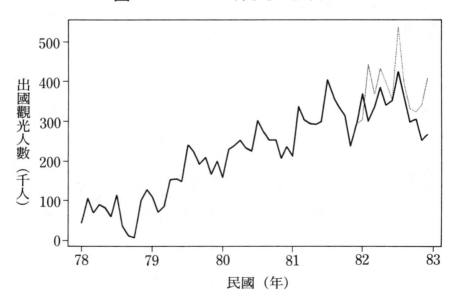

民國（年）

12.　續習題 9～11，繪製出國觀光人數的時間序列要素圖形（長期
　　趨勢線，季節變動圖，不規則變動圖）。

【解】：

出國觀光人數的時間序列要素圖形見圖 17-A-6。

圖 17-A-6　出國觀光人數時間序列要素圖

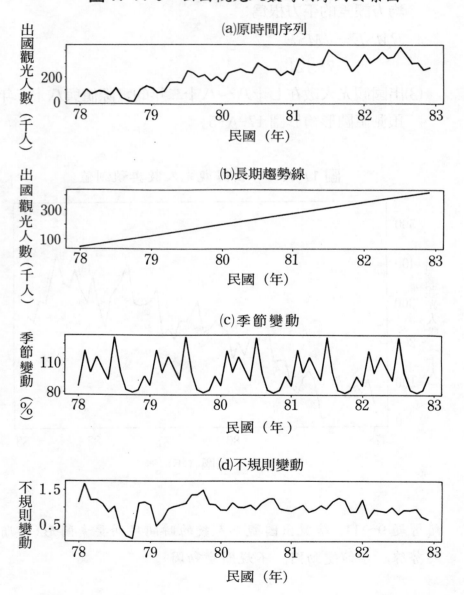

第十八章　無母數統計方法

1. 何謂無母數統計方法？爲何要使用無母數統計方法？

【解】：

將母體分配爲已知的假設去除所發展的統計方法稱爲無母數統計方法。

因爲在實際的許多資料其母體分配非爲常態、甚至於其母體分配並非已知，且問卷調查所搜集對某項問題的意見得到的數據可能是排序或等級資料而非量化的資料，此時許多母數（Parametric）的各種統計檢定方法都不能適用，故須使用無母數統計方法。

2. 試述無母數統計方法的優點與缺點。

【解】：

無母數統計方法的優點在於不須對母體分配做假定，且易於瞭解、容易完成計算過程。缺點則是量化資料經過排序後有可能損失一些資訊，而且當資料符合母數統計方法的分配假設時，以無母數統計方法來分析資料其表現會較差。

3. 檢定成對觀察值的兩個母體分配是否相同時，可以用那兩種

無母數統計方法？並說明何者較優？

【解】：

符號檢定及威爾克森符號等級檢定都可用來檢定成對觀察值的兩個母體分配是否相同。由於符號檢定僅使用成對觀察值差的符號，而未將差的大小列入考慮；威爾克森符號等級檢定不但將成對資料值差的符號列入考量，同時也將差的大小計入。因此，就資訊使用的觀點而言，威爾克森符號等級檢定掌握較多的資訊，因此較優於符號檢定。

4. 隨機抽取 100 名家庭主婦，請她們對某種品牌洗衣粉 A、B 兩種廣告做評分，依據資料顯示喜好 A 廣告的有 40 人，喜好 B 廣告的有 24 人，認為 A、B 兩種廣告沒有差異的有 36 人。在顯著水準 $\alpha = 0.05$ 下，以雙尾檢定是否家庭主婦對於這兩種廣告的喜好相同？

【解】：

本題是在成對觀察值的資料下，要檢定兩個母體（喜好廣告 A 與喜好廣告 B）分配是否相同的問題。令隨機變數 X 代表喜歡廣告 A 的家庭主婦數，p 代表母體中喜歡廣告 A 的機率，則虛無假設為：

$$H_0: p = 0.5,$$

對立假設為：

$$H_1: p \neq 0.5。$$

扣除沒有差異的 36 人後，樣本數 $n = 64$，喜歡 A 廣告的樣本觀察值 $x_0 = 40$。因為 $n = 64 > 10$，故可採用符號檢定

大樣本，計算統計量值：

$$Z_0 = \frac{x_0 - 0.5n}{0.5\sqrt{n}}$$

$$= \frac{40 - 0.5 \times 64}{0.5\sqrt{64}} = \frac{40 - 32}{0.5 \times 8} = \frac{8}{4} = 2$$

雙尾檢定查表值 $Z_{0.05/2} = 1.96$，因為 $Z_0 > Z_{0.025}$，故拒絕虛無假設，即家庭主婦對於這兩種廣告的喜好不同。

5. 某工廠引進一新的產品包裝法，令其為 B 法，而原有包裝法為 A 法，今記錄兩種方法包裝產品所需的單位時間如下：

A法：7.5, 8.2, 6.8, 5.9, 9.5, 7.9, 9.2, 8.7
B法：6.4, 7.4, 8.1, 5.5, 6.7, 7.7, 6.2, 7.1

採用曼一惠內 U 檢定在顯著水準 $\alpha = 0.05$ 下，新法是否較原有的 A 法省時、有效率？

【解】：

根據題意虛無假設為

　　　　H_0: A 法所需時間不大於 B 法所需時間，

對立假設為

　　　　H_1: A 法所需時間大於 B 法所需時間。

且 $n_1 = 8$, $n_2 = 8$，所以是小樣本單尾曼一惠內 U 檢定。將兩種方法的時間混合後排序的等級為：

　　　　A法：9　13　6　2　16　11　15　14

B法： 4　　8　　12　　1　　5　　10　　3　　7

所以 A 法的等級和

$$R_1=9+13+6+2+16+11+15+14=86,$$

B法的等級和

$$R_2=4+8+12+1+5+10+3+7=50。$$

根據 U 統計量公式求得

$$U_1=n_1 n_2+\frac{n_1(n_1+1)}{2}-R_1$$

$$=8\times8+\frac{8\times9}{2}-86$$

$$=14$$

令 $u_0=U_1$，根據 $n_1=8$, $n_2=8$，及 $u_0=14$，查 U 統計量分配表，$P(U\le14)=0.0325<0.05$，所以拒絕虛無假設，即新法是較原有的 A 法省時。

6. 某服飾公司要調查其品牌服飾在北、中、南三區的銷售情形是否相同，於是在北、中、南三區各隨機抽取10、9及8家專賣店並記錄其全年銷貨金額(單位為萬元)如下：

北： 57　　67　　98　　45　　54　　68　　74　　90　　87　　96

中： 60　　61　　70　　93　　64　　56　　48　　51　　78

南： 83　　53　　49　　42　　75　　69　　46　　65

試以克拉斯卡—瓦立斯檢定在顯著水準 $\alpha=0.05$ 下，三區的

銷貨情形是否相同？

【解】：

依題意虛無假設為

　　　H_0: 北、中、南三區的銷貨情形相同，

對立假設為

　　　H_1: 北、中、南三區的銷貨情形不同。

將 3 組樣本混合後依由小到大的順序排列並標示其等級，
則北、中、南三區對應的等級如下：

北: 10　15　27　2　8　16　19　24　23　26
中: 11　12　18　25　13　9　4　6　21
南: 22　7　5　1　20　17　3　14

根據排出的等級，可算出北、中、南三區的等級和 R_1、R_2
及 R_3 分別為：

　　$R_1 = 10 + 15 + 27 + \cdots + 26 = 170$

　　$R_2 = 11 + 12 + 18 + \cdots + 21 = 119$

　　$R_3 = 22 + 7 + 5 + \cdots + 14 = 89$

總樣本數 $n = 10 + 9 + 8 = 27$

將 n, n_1, n_2, n_3 及 R_1, R_2, R_3 代入 K 統計量公式，求得 K
統計量值為：

$$K = \frac{12}{27(27+1)}\left(\frac{170^2}{10} + \frac{119^2}{9} + \frac{89^2}{8}\right) - 3 \times (27+1)$$

$$= 2.565$$

查自由度爲$(3-1)$，顯著水準 $\alpha=0.05$的卡方分配臨界值

$$\chi^2_{0.05}(2)=5.99147$$

因爲 $K=2.565<\chi^2_{0.05}(2)$所以不拒絕虛無假設，即三區的銷貨情形相同。

7. 隨機抽取 60 位國小學生，記錄其在參加課程輔導前與參加課程輔導三個月後的數學測驗成績，已知參加輔導後的成績減輔導前的成績爲正的等級和爲1150。試問在顯著水準$\alpha=0.05$下，以威爾克森符號等級檢定輔導課程是否使學生的成績進步？

【解】：

本題爲成對觀察值兩個母體分配的比較，依題意
虛無假設爲

　　H_0: 學生數學成績在輔導前與輔導後沒有差異，
對立假設爲

　　H_1: 學生在參加輔導後成績進步了。

因爲 $n=60$，假定沒有平的情形，所有等級和應爲

$$R=\frac{(60+1)\times 60}{2}=1830。$$

已知參加輔導後的成績減輔導前的成績爲正的等級和爲1150，所以爲負的等級和爲 $1830-1150=680$。

根據題意此爲大樣本、對立假設爲 B_i 的母體分配在 A_i 母體分配右邊的檢定，故令

　　$R_0=1150$

計算 Z 統計量值

$$Z_0 = \frac{R_0 - n(n+1)/4}{\sqrt{n(n+1)(2n+1)/24}} = \frac{1150 - 60 \times 61/4}{\sqrt{60 \times 61 \times 121/24}}$$

$$= 1.73$$

查標準常態分配得臨界值 $Z_{0.05} = 1.645$，即 $Z_0 > Z_{0.05}$，所以拒絕虛無假設，學生在參加輔導後數學成績進步了。

8. 隨機抽取 8 家某品牌汽車銷售站，此品牌汽車在電視廣告前與廣告半年後的銷售量資料如下：

站　別	1	2	3	4	5	6	7	8
廣告前	45	80	68	47	26	75	30	25
廣告後	72	81	60	58	20	87	45	23

以威爾克森符號等級檢定電視廣告是否有促銷汽車的作用？

【解】：

依題意虛無假設為

H₀: 廣告前與廣告後的銷售量沒有差異，

對立假設為

H₁: 廣告後的銷售量增加了。

令廣告前與廣告後的銷售量分別為 A_i 與 B_i，其中 $i = 1$, …, 8。就 $(A_i - B_i)$ 取絕對值，由小到大排序後賦予等級，並列出其相對應的正數和負數的等級如下：

$(A_i - B_i)$	−27	−1	8	−11	6	−12	−15	2
$\lvert A_i - B_i \rvert$	27	1	8	11	6	12	15	2
等級	8	1	4	5	3	6	7	2
正數等級			4		3			2
負數等級	8	1		5		6	7	

所以正數的等級和

$$R^+ = 4 + 3 + 2 = 9,$$

負數的等級和

$$R^- = 8 + 1 + 5 + 6 + 7 = 27。$$

因爲 $n = 8 < 25$，是小樣本，且依據對立假設，爲單尾檢定「B_i 的母體分配在 A_i 母體分配的右邊」，所以令 $R_0 = R^+ = 9$，查等級和表得到臨界值 $R_{0.05} = 6$，因爲 $R_0 = 9 > R_{0.05} = 6$，所以不拒絕虛無假設，即廣告對汽車銷售量沒有明顯的助益。

9. 民國八十三年三月份臺灣股市收盤總加權指數及漲跌點數（"△" 代表漲，"×" 代表跌）如表 18-E-1：

表 18-E-1 八十三年三月臺灣股市收盤總加權指數及漲跌點數

總加權指數	漲跌點數	總加權指數	漲跌點數
5452.44	△ 37.80	5331.34	△ 57.10

5429.37	×23.07	5397.06	△ 65.72
5457.74	△ 28.37	5274.81	×122.25
5672.87	△ 215.13	5194.63	×80.18
5671.46	×1.41	5220.73	△ 26.10
5647.59	×23.87	5261.84	△ 41.11
5456.68	×190.91	5331.27	△ 69.43
5466.69	△ 10.01	5326.99	×4.28
5366.03	×100.66	5352.87	△ 25.88
5327.57	×38.46	5332.21	×20.66
5273.10	×54.47	5331.90	×0.32
5333.87	△ 60.77	5332.06	×11.84
5274.24	×59.63	5249.22	×70.84

採用連段檢定在顯著水準 $\alpha=0.05$ 下檢定八十三年三月份臺灣股市收盤總加權指數的漲跌是否為隨機的?

【解】:

　　若以 A 代表漲、B 代表跌, 則八十三年三月份臺灣股市的漲跌系列為:

A B A A B B B A B B B A B
1 2 3 4 5 6 7 8

A A B B A A A B A B B B,
9 10 11 12 13 14

因此要檢定八十三年三月份臺灣股市的漲跌是否為隨機的虛無假設為

H_0: 觀察值 A、B 系列是隨機的,

對立假設為

H_1: 觀察值 A、B 系列是非隨機的。

已知 A 的觀察樣本數 $n_1=11$, B 的觀察樣本數 $n_2=15$, 而連段數的觀察值 $R_0=14$。因為 $n_1=11>10$, $n_2=15>10$, 故可根據大樣本雙尾檢定求算 Z 統計量值

$$Z_0 = \frac{R_0 - \left(\dfrac{2n_1n_2}{n_1+n_2}+1\right)}{\sqrt{\dfrac{2n_1n_2(2n_1n_2-n_1-n_2)}{(n_1+n_2)^2(n_1+n_2-1)}}}$$

$$= \frac{14 - \left(\dfrac{2\times11\times15}{11+15}+1\right)}{\sqrt{\dfrac{2\times11\times15(2\times11\times15-11-15)}{(11+15)^2(11+15-1)}}}$$

$$= 0.1263$$

在顯著水準 $\alpha=0.05$ 下, 標準常態分配查表值 $Z_{0.025}=1.96$, 因為 $Z_0=0.1263 < Z_{0.025}=1.96$, 故不拒絕 AB 系列是隨機的虛無假設, 亦即八十三年三月份臺灣股市的漲跌是隨機的。

10. 某校就其應屆畢業生中隨機抽取 10 名, 就其入學成績與畢業成績排等級, 資料如下:

學　生	1	2	3	4	5	6	7	8	9	10
入學成績等級	8	10	4	5	1	9	6	2	7	3
畢業成績等級	9	10	1	4	2	8	5	3	6	7

計算入學成績與畢業成績的樣本等級相關係數，並以顯著水準 $\alpha = 0.05$ 時，檢定入學成績與畢業成績的母體等級是否有直線相關？

【解】：

(1)因為等級資料沒有平的情形，所以可先計算 10 個等級差 $d_1, d_2, \cdots, d_{10}$，其值分別為

$$-1 \quad 0 \quad 3 \quad 1 \quad -1 \quad 1 \quad 1 \quad -1 \quad 1 \quad -4$$

將 d_i 代入等級相關公式，得樣本等級相關係數值

$$r_0 = 1 - \frac{6(1^2 + 0^2 + 3^2 + 1^2 + 1^2 + 1^2 + 1^2 + 1^2 + 1^2 + 4^2)}{10(10^2 - 1)}$$

$$= 0.806$$

(2)根據題意虛無假設為

$$H_0: 母體等級相關係數 \rho = 0,$$

對立假設為

$$H_1: 母體等級相關係數 \rho \neq 0。$$

$n = 10 < 30$ 是小樣本，且為雙尾檢定，查等級相關係數分配表找出臨界值

$$r_{0.025} = 0.648$$

因為 $r_0 = 0.806 > r_{0.025} = 0.648$，故拒絕虛無假設，即學生入學成績與畢業成績的母體等級有直線相關。

11. 從上午 9 時到下午 3 時 30 分，觀察每 10 分鐘（爲一時段）進入某銀行要求櫃臺服務的顧客人數如下表所示：

顧客人數	0	1	2	3	4	5	6	7
時段個數	3	5	9	11	8	1	1	1

在顯著水準 $\alpha = 0.05$ 時，檢定上列資料的分配是否符合平均數 $\mu = 3$ 的波氏分配？

【解】：

令每 10 分鐘進入某銀行的顧客人數爲 X，依題意虛無假設爲

H_0: X 來自 $\mu = 3$ 的波氏分配，

對立假設

H_1: X 的母體分配非爲以 $\mu = 3$ 的波氏分配。

根據樣本資料，建立樣本相對次數的累積分配 $\hat{F}(x)$、母體的累積分配 $F(x)$ 及 $|F(x) - \hat{F}(x)|$ 等數值表格如下表：

顧客人數 x	觀察次數 o_i	累計觀察次數	$\hat{F}(x)$	$F(x)$	$|F(x) - \hat{F}(x)|$
0	3	3	0.0769	0.0498	0.0271
1	5	8	0.2051	0.1992	0.0059
2	9	17	0.4359	0.4232	0.0127
3	11	28	0.7179	0.6472	0.0707

4	8	36	0.9231	0.8152	0.1079
5	1	37	0.9487	0.9160	0.0327
6	1	38	0.9744	0.9664	0.0080
7	1	39	1.0000	0.9880	0.0120
8	0	39	1.0000	0.9961	0.0039

由 $|F(x)-\widehat{F}(x)|$ 最大值，即爲 D 統計量值

$\qquad D_0 = 0.1079$。

查 $n=39$, $\alpha=0.05$ 的 D 統計量臨界值表得 $D_{0.05}=0.213$。
因爲 $D_0=0.1079 < D_{0.05}=0.213$，所以不拒絕虛無假設，即
該銀行在每 10 分鐘顧客人數爲以平均數爲 3 的波氏分配。
(讀者也可參考第十三章適合度檢定（卡方檢定）另解之)

12. 隨機抽出 10 個消費者請他們對於四種口味的鮮奶分別以
1~4 給予最喜歡到不喜歡的評等，根據下列資料在顯著水準
$\alpha=0.05$ 時，檢定消費者對四種口味的鮮奶是否有相同的喜
好？

消費者	口味 1	口味 2	口味 3	口味 4
1	1	2	3	4
2	2	1	4	3
3	3	1	4	2
4	1	2	4	3

5	2	1	3	4
6	1	4	2	3
7	1	3	4	2
8	2	3	1	4
9	2	4	3	1
10	1	2	3	4

【解】：

根據資料顯示，可將 10 個消費者看成 10 個集區，4 種口味即為 4 種試驗，因此可用傅立曼檢定來完成。依題意虛無假設為

H_0: 消費者對四種口味的鮮奶有相同喜好，

對立假設為

H_1: 消費者對四種口味的鮮奶喜好不同。

根據等級資料，可以計算出四種口味的等級和分別為

$$R_1 = 1+2+3+1+2+1+1+2+2+1 = 16,$$

$$R_2 = 2+1+1+2+1+4+3+3+4+2 = 23,$$

$$R_3 = 3+4+4+4+3+2+4+1+3+3 = 31,$$

$$R_4 = 4+3+2+3+4+3+2+4+1+4 = 30。$$

將集區數 $b=10$，試驗數 $k=4$ 及各試驗的等級和 R_1、R_2、R_3、R_4 代入 χ_F^2 的統計量公式得值為

$$\chi_0^2 = \frac{12}{10 \times 4 \times 5}(16^2 + 23^2 + 31^2 + 30^2) - 3 \times 10 \times (4+1)$$

$$=8.76$$

在顯著水準 $\alpha=0.05$ 下，查自由度為 $k-1=3$ 的卡方分配表其臨界值 $\chi^2_{0.05}(3)=7.81473$，因為

$$\chi^2_0=8.76>\chi^2_{0.05}(3)=7.81473$$

所以拒絕虛無假設，即消費者對四種口味的喜好不同。

附錄　統計表

附表 1　二項分配表

　　本表列出 n＝5, 6, 7, 8, 9, 10, 15, 20, 25及 P＝0.01, 0.05, 0.10, 0.20, 0.30, 0.40, 0.50, 0.60, 0.70, 0.80, 0.90, 0.95, 0.99組合下的二項分配累積機率：

$$P(X \leq k)= \sum_{x=0}^{k} \binom{n}{x} p^x(1-p)^{n-x}$$

例：當 n＝10, p＝0.30, k＝3時，則

$$P(X \leq 3)= \sum_{x=0}^{3} \binom{10}{x} (0.30)^x (1-0.30)^{10-x}$$

$$=0.650$$

							p							
n	k	.01	.05	.10	.20	.30	.40	.50	.60	.70	.80	.90	.95	.99
5	0	.951	.774	.590	.328	.168	.078	.031	.010	.002	.000	.000	.000	.000
	1	.999	.977	.919	.737	.528	.337	.188	.087	.031	.007	.000	.000	.000
	2	1.000	.999	.991	.942	.837	.683	.500	.317	.163	.058	.009	.001	.000
	3	1.000	1.000	1.000	.993	.969	.913	.812	.663	.472	.263	.081	.023	.001
	4	1.000	1.000	1.000	1.000	.998	.990	.969	.922	.832	.672	.410	.226	.049
6	0	.941	.735	.531	.262	.118	.047	.016	.004	.001	.000	.000	.000	.000
	1	.999	.967	.886	.655	.420	.233	.109	.041	.011	.002	.000	.000	.000
	2	1.000	.998	.984	.901	.744	.544	.344	.179	.070	.017	.001	.000	.000
	3	1.000	1.000	.999	.983	.930	.821	.656	.456	.256	.099	.016	.002	.000
	4	1.000	1.000	1.000	.998	.989	.959	.891	.767	.580	.345	.114	.033	.001
	5	1.000	1.000	1.000	1.000	.999	.996	.984	.953	.882	.738	.469	.265	.059
7	0	.932	.698	.478	.210	.082	.028	.008	.002	.000	.000	.000	.000	.000
	1	.998	.956	.850	.577	.329	.159	.063	.019	.004	.000	.000	.000	.000
	2	1.000	.996	.974	.852	.647	.420	.227	.096	.029	.005	.000	.000	.000
	3	1.000	1.000	.997	.967	.874	.710	.500	.290	.126	.033	.003	.000	.000
	4	1.000	1.000	1.000	.995	.971	.904	.773	.580	.353	.148	.026	.004	.000
	5	1.000	1.000	1.000	1.000	.996	.981	.937	.841	.671	.423	.150	.044	.002
	6	1.000	1.000	1.000	1.000	1.000	.998	.992	.972	.918	.790	.522	.302	.068
8	0	.923	.663	.430	.168	.058	.017	.004	.001	.000	.000	.000	.000	.000
	1	.997	.943	.813	.503	.255	.106	.035	.009	.001	.000	.000	.000	.000

附表 1（續）

n	k	.01	.05	.10	.20	.30	.40	.50	.60	.70	.80	.90	.95	.99
8	2	1.000	.994	.962	.797	.552	.315	.145	.050	.011	.001	.000	.000	.000
	3	1.000	1.000	.995	.944	.806	.594	.363	.174	.058	.010	.000	.000	.000
	4	1.000	1.000	1.000	.990	.942	.826	.637	.406	.194	.056	.005	.000	.000
	5	1.000	1.000	1.000	.999	.989	.950	.855	.685	.448	.203	.038	.006	.000
	6	1.000	1.000	1.000	1.000	.999	.991	.965	.894	.745	.497	.187	.057	.003
	7	1.000	1.000	1.000	1.000	1.000	.999	.996	.983	.942	.832	.570	.337	.077
9	0	.914	.630	.387	.134	.040	.010	.002	.000	.000	.000	.000	.000	.000
	1	.997	.929	.775	.436	.196	.071	.020	.004	.000	.000	.000	.000	.000
	2	1.000	.992	.947	.738	.463	.232	.090	.025	.004	.000	.000	.000	.000
	3	1.000	.999	.992	.914	.730	.483	.254	.099	.025	.003	.000	.000	.000
	4	1.000	1.000	.999	.980	.901	.733	.500	.267	.099	.020	.001	.000	.000
	5	1.000	1.000	1.000	.997	.975	.901	.746	.517	.270	.086	.008	.001	.000
	6	1.000	1.000	1.000	1.000	.996	.975	.910	.768	.537	.262	.053	.008	.000
	7	1.000	1.000	1.000	1.000	1.000	.996	.980	.929	.804	.564	.225	.071	.003
	8	1.000	1.000	1.000	1.000	1.000	1.000	.998	.990	.960	.866	.613	.370	.086
10	0	.904	.599	.349	.107	.028	.006	.001	.000	.000	.000	.000	.000	.000
	1	.996	.914	.736	.376	.149	.046	.011	.002	.000	.000	.000	.000	.000
	2	1.000	.988	.930	.678	.383	.167	.055	.012	.002	.000	.000	.000	.000
	3	1.000	.999	.987	.879	.650	.382	.172	.055	.011	.001	.000	.000	.000
	4	1.000	1.000	.998	.967	.850	.633	.377	.166	.047	.006	.000	.000	.000
	5	1.000	1.000	1.000	.994	.953	.834	.623	.367	.150	.033	.002	.001	.000
	6	1.000	1.000	1.000	.999	.989	.945	.828	.618	.350	.121	.013	.001	.000
	7	1.000	1.000	1.000	1.000	.998	.988	.945	.833	.617	.322	.070	.012	.000
	8	1.000	1.000	1.000	1.000	1.000	.998	.989	.954	.851	.624	.264	.086	.004
	9	1.000	1.000	1.000	1.000	1.000	1.000	.999	.994	.972	.893	.651	.401	.096
15	0	.860	.463	.206	.035	.005	.000	.000	.000	.000	.000	.000	.000	.000
	1	.990	.829	.549	.167	.035	.005	.000	.000	.000	.000	.000	.000	.000
	2	1.000	.964	.816	.398	.127	.027	.004	.000	.000	.000	.000	.000	.000
	3	1.000	.995	.944	.648	.297	.091	.018	.002	.000	.000	.000	.000	.000
	4	1.000	.999	.987	.836	.515	.217	.059	.009	.001	.000	.000	.000	.000
	5	1.000	1.000	.998	.939	.722	.403	.151	.034	.004	.000	.000	.000	.000
	6	1.000	1.000	1.000	.982	.869	.610	.304	.095	.015	.001	.000	.000	.000
	7	1.000	1.000	1.000	.996	.950	.787	.500	.213	.050	.004	.000	.000	.000
	8	1.000	1.000	1.000	.999	.985	.905	.696	.390	.131	.018	.000	.000	.000
	9	1.000	1.000	1.000	1.000	.996	.966	.849	.597	.278	.061	.002	.000	.000
	10	1.000	1.000	1.000	1.000	.999	.991	.941	.783	.485	.164	.013	.001	.000
	11	1.000	1.000	1.000	1.000	1.000	.998	.982	.909	.703	.352	.056	.005	.000
	12	1.000	1.000	1.000	1.000	1.000	1.000	.996	.973	.873	.602	.184	.036	.000
	13	1.000	1.000	1.000	1.000	1.000	1.000	1.000	.995	.965	.833	.451	.171	.010
	14	1.000	1.000	1.000	1.000	1.000	1.000	1.000	1.000	.995	.965	.794	.537	.140

附表 1（續）

n	k	.01	.05	.10	.20	.30	.40	.50	.60	.70	.80	.90	.95	.99
20	0	.818	.358	.122	.012	.001	.000	.000	.000	.000	.000	.000	.000	.000
	1	.983	.736	.392	.069	.008	.001	.000	.000	.000	.000	.000	.000	.000
	2	.999	.925	.677	.206	.035	.004	.000	.000	.000	.000	.000	.000	.000
	3	1.000	.984	.867	.411	.107	.016	.001	.000	.000	.000	.000	.000	.000
	4	1.000	.997	.957	.630	.238	.051	.006	.000	.000	.000	.000	.000	.000
	5	1.000	1.000	.989	.804	.416	.126	.021	.002	.000	.000	.000	.000	.000
	6	1.000	1.000	.998	.913	.608	.250	.058	.006	.000	.000	.000	.000	.000
	7	1.000	1.000	1.000	.968	.772	.416	.132	.021	.001	.000	.000	.000	.000
	8	1.000	1.000	1.000	.990	.887	.596	.252	.057	.005	.000	.000	.000	.000
	9	1.000	1.000	1.000	.997	.952	.755	.412	.128	.017	.001	.000	.000	.000
	10	1.000	1.000	1.000	.999	.983	.872	.588	.245	.048	.003	.000	.000	.000
	11	1.000	1.000	1.000	1.000	.995	.943	.748	.404	.113	.010	.000	.000	.000
	12	1.000	1.000	1.000	1.000	.999	.979	.868	.584	.228	.032	.000	.000	.000
	13	1.000	1.000	1.000	1.000	1.000	.994	.942	.750	.392	.087	.002	.000	.000
	14	1.000	1.000	1.000	1.000	1.000	.998	.979	.874	.584	.196	.011	.000	.000
	15	1.000	1.000	1.000	1.000	1.000	1.000	.994	.949	.762	.370	.043	.003	.000
	16	1.000	1.000	1.000	1.000	1.000	1.000	.999	.984	.893	.589	.133	.016	.000
	17	1.000	1.000	1.000	1.000	1.000	1.000	1.000	.996	.965	.794	.323	.075	.001
	18	1.000	1.000	1.000	1.000	1.000	1.000	1.000	.999	.992	.931	.608	.264	.017
	19	1.000	1.000	1.000	1.000	1.000	1.000	1.000	1.000	.999	.988	.878	.642	.182
25	0	.778	.277	.072	.004	.000	.000	.000	.000	.000	.000	.000	.000	.000
	1	.974	.642	.271	.027	.002	.000	.000	.000	.000	.000	.000	.000	.000
	2	.998	.873	.537	.098	.009	.000	.000	.000	.000	.000	.000	.000	.000
	3	1.000	.966	.764	.234	.033	.002	.000	.000	.000	.000	.000	.000	.000
	4	1.000	.993	.902	.421	.090	.009	.000	.000	.000	.000	.000	.000	.000
	5	1.000	.999	.967	.617	.193	.029	.002	.000	.000	.000	.000	.000	.000
	6	1.000	1.000	.991	.780	.341	.074	.007	.000	.000	.000	.000	.000	.000
	7	1.000	1.000	.998	.891	.512	.154	.022	.001	.000	.000	.000	.000	.000
	8	1.000	1.000	1.000	.953	.677	.274	.054	.004	.000	.000	.000	.000	.000
	9	1.000	1.000	1.000	.983	.811	.425	.115	.013	.000	.000	.000	.000	.000
	10	1.000	1.000	1.000	.994	.902	.586	.212	.034	.002	.000	.000	.000	.000
	11	1.000	1.000	1.000	.998	.956	.732	.345	.078	.006	.000	.000	.000	.000
	12	1.000	1.000	1.000	1.000	.983	.846	.500	.154	.017	.000	.000	.000	.000
	13	1.000	1.000	1.000	1.000	.994	.922	.655	.268	.044	.002	.000	.000	.000
	14	1.000	1.000	1.000	1.000	.998	.966	.788	.414	.098	.006	.000	.000	.000
	15	1.000	1.000	1.000	1.000	1.000	.987	.885	.575	.189	.017	.000	.000	.000
	16	1.000	1.000	1.000	1.000	1.000	.996	.946	.726	.323	.047	.000	.000	.000
	17	1.000	1.000	1.000	1.000	1.000	.999	.978	.846	.488	.109	.002	.000	.000
	18	1.000	1.000	1.000	1.000	1.000	1.000	.993	.926	.659	.220	.009	.000	.000
	19	1.000	1.000	1.000	1.000	1.000	1.000	.998	.971	.807	.383	.033	.001	.000
	20	1.000	1.000	1.000	1.000	1.000	1.000	1.000	.991	.910	.579	.098	.007	.000
	21	1.000	1.000	1.000	1.000	1.000	1.000	1.000	.998	.967	.766	.236	.034	.000
	22	1.000	1.000	1.000	1.000	1.000	1.000	1.000	1.000	.991	.902	.463	.127	.002
	23	1.000	1.000	1.000	1.000	1.000	1.000	1.000	1.000	.998	.973	.729	.358	.026
	24	1.000	1.000	1.000	1.000	1.000	1.000	1.000	1.000	1.000	.996	.928	.723	.222

附表2-A　$e^{-\mu}$值

本表列出μ由0.00至0.99(間隔0.01)及由1至10(間隔1)的$e^{-\mu}$值。

例：當$\mu=6.33$時，$e^{-6.33}=(e^{-6})(e^{-0.33})$
$$=(0.002479)(0.7189)$$
$$=0.001782$$

μ	$e^{-\mu}$	μ	$e^{-\mu}$	μ	$e^{-\mu}$	μ	$e^{-\mu}$	μ	$e^{-\mu}$
0.00	1.0000	0.25	0.7788	0.50	0.6065	0.75	0.4724	1	0.36788
0.01	0.9900	0.26	0.7711	0.51	0.6005	0.76	0.4677	2	0.13534
0.02	0.9802	0.27	0.7634	0.52	0.5945	0.77	0.4630	3	0.04979
0.03	0.9704	0.28	0.7558	0.53	0.5886	0.78	0.4584	4	0.01832
0.04	0.9608	0.29	0.7483	0.54	0.5827	0.79	0.4538	5	0.006738
0.05	0.9512	0.30	0.7408	0.55	0.5770	0.80	0.4493	6	0.002479
0.06	0.9418	0.31	0.7334	0.56	0.5712	0.81	0.4449	7	0.000912
0.07	0.9324	0.32	0.7261	0.57	0.5655	0.82	0.4404	8	0.000335
0.08	0.9231	0.33	0.7189	0.58	0.5599	0.83	0.4360	9	0.000123
0.09	0.9139	0.34	0.7118	0.59	0.5543	0.84	0.4317	10	0.000045
0.10	0.9048	0.35	0.7047	0.60	0.5488	0.85	0.4274		
0.11	0.8958	0.36	0.6977	0.61	0.5434	0.86	0.4232		
0.12	0.8869	0.37	0.6907	0.62	0.5379	0.87	0.4190		
0.13	0.8781	0.38	0.6839	0.63	0.5326	0.88	0.4148		
0.14	0.8694	0.39	0.6771	0.64	0.5273	0.89	0.4107		
0.15	0.8607	0.40	0.6703	0.65	0.5220	0.90	0.4066		
0.16	0.8521	0.41	0.6636	0.66	0.5169	0.91	0.4025		
0.17	0.8437	0.42	0.6570	0.67	0.5117	0.92	0.3985		
0.18	0.8353	0.43	0.6505	0.68	0.5066	0.93	0.3946		
0.19	0.8270	0.44	0.6440	0.69	0.5016	0.94	0.3906		
0.20	0.8187	0.45	0.6376	0.70	0.4966	0.95	0.3867		
0.21	0.8106	0.46	0.6313	0.71	0.4916	0.96	0.3829		
0.22	0.8025	0.47	0.6250	0.72	0.4868	0.97	0.3791		
0.23	0.7945	0.48	0.6188	0.73	0.4819	0.98	0.3753		
0.24	0.7866	0.49	0.6126	0.74	0.4771	0.99	0.3716		

附表2-B 波氏分配表

根據波氏機率函數

$$P(X=x)=\frac{e^{-\mu}\mu^{x}}{x!}$$

例：當 $\mu=2$, $x=3$ 的機率爲 $P(X=3)=\frac{e^{-2}2^{3}}{3!}=0.1804$

					μ					
x	0.1	0.2	0.3	0.4	0.5	0.6	0.7	0.8	0.9	1.0
0	.9048	.8187	.7408	.6703	.6065	.5488	.4966	.4493	.4066	.3679
1	.0905	.1637	.2222	.2681	.3033	.3293	.3476	.3595	.3659	.3679
2	.0045	.0164	.0333	.0536	.0758	.0988	.1217	.1438	.1647	.1839
3	.0002	.0011	.0033	.0072	.0126	.0198	.0284	.0383	.0494	.0613
4	.0000	.0001	.0002	.0007	.0016	.0030	.0050	.0077	.0111	.0153
5	.0000	.0000	.0000	.0001	.0002	.0004	.0007	.0012	.0020	.0031
6	.0000	.0000	.0000	.0000	.0000	.0000	.0001	.0002	.0003	.0005
7	.0000	.0000	.0000	.0000	.0000	.0000	.0000	.0000	.0000	.0001

					μ					
x	1.1	1.2	1.3	1.4	1.5	1.6	1.7	1.8	1.9	2.0
0	.3329	.3012	.2725	.2466	.2231	.2019	.1827	.1653	.1496	.1353
1	.3662	.3614	.3543	.3452	.3347	.3230	.3106	.2975	.2842	.2707
2	.2014	.2169	.2303	.2417	.2510	.2584	.2640	.2678	.2700	.2707
3	.0738	.0867	.0998	.1128	.1255	.1378	.1496	.1607	.1710	.1804
4	.0203	.0260	.0324	.0395	.0471	.0551	.0636	.0723	.0812	.0902
5	.0045	.0062	.0084	.0111	.0141	.0176	.0216	.0260	.0309	.0361
6	.0008	.0012	.0018	.0026	.0035	.0047	.0061	.0078	.0098	.0120
7	.0001	.0002	.0003	.0005	.0008	.0011	.0045	.0020	.0027	.0034
8	.0000	.0000	.0001	.0001	.0001	.0002	.0003	.0005	.0006	.0009
9	.0000	.0000	.0000	.0000	.0000	.0000	.0001	.0001	.0001	.0002

附表2-B(續)

	μ									
x	2.1	2.2	2.3	2.4	2.5	2.6	2.7	2.8	2.9	3.0
0	.1225	.1108	.1003	.0907	.0821	.0743	.0672	.0608	.0550	.0498
1	.2572	.2438	.2306	.2177	.2052	.1931	.1815	.1703	.1596	.1494
2	.2700	.2681	.2652	.2613	.2565	.2510	.2450	.2384	.2314	.2240
3	.1890	.1966	.2033	.2090	.2138	.2176	.2205	.2225	.2237	.2240
4	.0992	.1082	.1169	.1254	.1336	.1414	.1488	.1557·	.1622	.1680
5	.0417	.0476	.0538	.0602	.0668	.0735	.0804	.0872	.0940	.1008
6	.0146	.0174	.0206	.0241	.0278	.0319	.0362	.0407	.0455	.0504
7	.0044	.0055	.0068	.0083	.0099	.0118	.0139	.0163	.0188	.0216
8	.0011	.0015	.0019	.0025	.0031	.0038	.0047	.0057	.0068	.0081
9	.0003	.0004	.0005	.0007	.0009	.0011	.0014	.0018	.0022	.0027
10	.0001	.0001	.0001	.0002	.0002	.0003	.0004	.0005	.0006	.0008
11	.0000	.0000	.0000	.0000	.0000	.0001	.0001	.0001	.0002	.0002
12	.0000	.0000	.0000	.0000	.0000	.0000	.0000	.0000	.0000	.0001

	μ									
x	3.1	3.2	3.3	3.4	3.5	3.6	3.7	3.8	3.9	4.0
0	.0450	.0408	.0369	.0334	.0302	.0273	.0247	.0224	.0202	.0183
1	.1397	.1304	.1217	.1135	.1057	.0984	.0915	.0850	.0789	.0733
2	.2165	.2087	.2008	.1929	.1850	.1771	.1692	.1615	.1539	.1465
3	.2237	.2226	.2209	.2186	.2158	.2125	.2087	.2046	.2001	.1954
4	.1734	.1781	.1823	.1858	.1888	.1912	.1931	.1944	.1951	.1954
5	.1075	.1140	.1203	.1264	.1322	.1377	.1429	.1477	.1522	.1563
6	.0555	.0608	.0662	.0716	.0771	.0826	.0881	.0936	.0989	.1042
7	.0246	.0278	.0312	.0348	.0385	.0425	.0466	.0508	.0551	.0595
8	.0095	.0111	.0129	.0148	.0169	.0191	.0215	.0241	.0269	.0298
9	.0033	.0040	.0047	.0056	.0066	.0076	.0089	.0102	.0116	.0132
10	.0010	.0013	.0016	.0019	.0023	.0028	.0033	.0039	.0045	.0053
11	.0003	.0004	.0005	.0006	.0007	.0009	.0011	.0013	.0016	.0019
12	.0001	.0001	.0001	.0002	.0002	.0003	.0003	.0004	.0005	.0006
13	.0000	.0000	.0000	.0000	.0001	.0001	.0001	.0001	.0002	.0002
14	.0000	.0000	.0000	.0000	.0000	.0000	.0000	.0000	.0000	.0001

附表2-B(續)

					μ					
x	4.1	4.2	4.3	4.4	4.5	4.6	4.7	4.8	4.9	5.0
0	.0166	.0150	.0136	.0123	.0111	.0101	.0091	.0082	.0074	.0067
1	.0679	.0630	.0583	.0540	.0500	.0462	.0427	.0395	.0365	.0337
2	.1393	.1323	.1254	.1188	.1125	.1063	.1005	.0948	.0894	.0842
3	.1904	.1852	.1798	.1743	.1687	.1634	.1574	.1517	.1460	.1404
4	.1951	.1944	.1933	.1917	.1898	.1875	.1849	.1820	.1789	.1755
5	.1600	.1633	.1662	.1687	.1708	.1725	.1738	.1747	.1753	.1755
6	.1093	.1143	.1191	.1237	.1281	.1323	.1362	.1398	.1432	.1462
7	.0640	.0686	.0732	.0778	.0824	.0869	.0914	.0959	.1002	.1044
8	.0328	.0360	.0393	.0428	.0463	.0500	.0537	.0575	.0614	.0653
9	.0150	.0168	.0188	.0209	.0232	.0255	.0280	.0307	.0334	.0363
10	.0061	.0071	.0081	.0092	.0104	.0118	.0132	.0147	.0164	.0181
11	.0023	.0027	.0032	.0037	.0043	.0049	.0056	.0064	.0073	.0082
12	.0008	.0009	.0011	.0014	.0016	.0019	.0022	.0026	.0030	.0034
13	.0002	.0003	.0004	.0005	.0006	.0007	.0008	.0009	.0011	.0013
14	.0001	.0001	.0001	.0001	.0002	.0002	.0003	.0003	.0004	.0005
15	.0000	.0000	.0000	.0000	.0001	.0001	.0001	.0001	.0001	.0002

					μ					
x	5.1	5.2	5.3	5.4	5.5	5.6	5.7	5.8	5.9	6.0
0	.0061	.0055	.0050	.0045	.0041	.0037	.0033	.0030	.0027	.0025
1	.0311	.0287	.0265	.0244	.0225	.0207	.0191	.0176	.0162	.0149
2	.0793	.0746	.0701	.0659	.0618	.0580	.0544	.0509	.0477	.0446
3	.1348	.1293	.1239	.1185	.1133	.1082	.1033	.0985	.0938	.0892
4	.1719	.1681	.1641	.1600	.1558	.1515	.1472	.1428	.1383	.1339
5	.1753	.1748	.1740	.1728	.1714	.1697	.1678	.1620	.1632	.1606
6	.1490	.1515	.1537	.1555	.1571	.1584	.1594	.1656	.1605	.1606
7	.1086	.1125	.1163	.1200	.1234	.1267	.1298	.1301	.1353	.1377
8	.0692	.0731	.0771	.0810	.0849	.0887	.0925	.0926	.0998	.1033
9	.0392	.0423	.0454	.0486	.0519	.0552	.0586	.0662	.0654	.0688
10	.0200	.0220	.0241	.0262	.0285	.0309	.0334	.0359	.0386	.0413
11	.0093	.0104	.0116	.0129	.0143	.0157	.0173	.0190	.0207	.0225
12	.0039	.0045	.0051	.0058	.0065	.0073	.0082	.0092	.0102	.0113
13	.0015	.0018	.0021	.0024	.0028	.0032	.0036	.0041	.0046	.0052
14	.0006	.0007	.0008	.0009	.0011	.0013	.0015	.0017	.0019	.0022
15	.0002	.0002	.0003	.0003	.0004	.0005	.0006	.0007	.0008	.0009
16	.0001	.0001	.0001	.0001	.0001	.0002	.0002	.0002	.0003	.0003
17	.0000	.0000	.0000	.0000	.0000	.0001	.0001	.0001	.0001	.0001

附表2-B(續)

					μ					
x	6.1	6.2	6.3	6.4	6.5	6.6	6.7	6.8	6.9	7.0
0	.0022	.0020	.0018	.0017	.0015	.0014	.0012	.0011	.0010	.0009
1	.0137	.0126	.0116	.0106	.0098	.0090	.0082	.0076	.0070	.0064
2	.0417	.0390	.0364	.0340	.0318	.0296	.0276	.0258	.0240	.0223
3	.0848	.0806	.0765	.0726	.0688	.0652	.0617	.0584	.0552	.0521
4	.1294	.1249	.1205	.1162	.1118	.1076	.1034	.0992	.0952	.0912
5	.1579	.1549	.1519	.1487	.1454	.1420	.1385	.1349	.1314	.1277
6	.1605	.1601	.1595	.1586	.1575	.1562	.1546	.1529	.1511	.1490
7	.1399	.1418	.1435	.1450	.1462	.1472	.1480	.1486	.1489	.1490
8	.1066	.1099	.1130	.1160	.1188	.1215	.1240	.1263	.1284	.1304
9	.0723	.0757	.0791	.0825	.0858	.0891	.0923	.0954	.0985	.1014
10	.0441	.0469	.0498	.0528	.0558	.0588	.0618	.0649	.0679	.0710
11	.0245	.0265	.0285	.0307	.0330	.0353	.0377	.0401	.0426	.0452
12	.0124	.0137	.0150	.0164	.0179	.0194	.0210	.0227	.0245	.0264
13	.0058	.0065	.0073	.0081	.0089	.0098	.0108	.0119	.0130	.0142
14	.0025	.0029	.0033	.0037	.0041	.0046	.0052	.0058	.0064	.0071
15	.0010	.0012	.0014	.0016	.0018	.0020	.0023	.0026	.0029	.0033
16	.0004	.0005	.0005	.0006	.0007	.0008	.0010	.0011	.0013	.0014
17	.0001	.0002	.0002	.0002	.0003	.0003	.0004	.0004	.0005	.0006
18	.0000	.0001	.0001	.0001	.0001	.0001	.0001	.0002	.0002	.0002
19	.0000	.0000	.0000	.0000	.0000	.0000	.0000	.0001	.0001	.0001

附表2-B(續)

					μ					
x	7.1	7.2	7.3	7.4	7.5	7.6	7.7	7.8	7.9	8.0
0	.0008	.0007	.0007	.0006	.0006	.0005	.0005	.0004	.0004	.0003
1	.0059	.0054	.0049	.0045	.0041	.0038	.0035	.0032	.0029	.0027
2	.0208	.0194	.0180	.0167	.0156	.0145	.0134	.0125	.0116	.0107
3	.0492	.0464	.0438	.0413	.0389	.0366	.0345	.0324	.0305	.0286
4	.0874	.0836	.0799	.0764	.0729	.0696	.0663	.0632	.0602	.0573
5	.1241	.1204	.1167	.1130	.1094	.1057	.1021	.0986	.0951	.0916
6	.1468	.1445	.1420	.1394	.1367	.1339	.1311	.1282	.1252	.1221
7	.1489	.1486	.1481	.1474	.1465	.1454	.1442	.1428	.1413	.1396
8	.1321	.1337	.1351	.1363	.1373	.1382	.1388	.1392	.1395	.1396
9	.1042	.1070	.1096	.1121	.1144	.1167	.1187	.1207	.1224	.1241
10	.0740	.0770	.0800	.0829	.0858	.0887	.0914	.0941	.0967	.0993
11	.0478	.0504	.0531	.0558	.0585	.0613	.0640	.0667	.0695	.0722
12	.0283	.0303	.0323	.0344	.0366	.0380	.0411	.0434	.0457	.0481
13	.0154	.0168	.0181	.0196	.0211	.0227	.0243	.0260	.0278	.0296
14	.0078	.0086	.0095	.0104	.0113	.0123	.0134	.0145	.0157	.0169
15	.0037	.0041	.0046	.0051	.0057	.0062	.0069	.0075	.0083	.0090
16	.0016	.0019	.0021	.0024	.0026	.0030	.0033	.0037	.0041	.0045
17	.0007	.0008	.0009	.0010	.0012	.0013	.0015	.0017	.0019	.0021
18	.0003	.0003	.0004	.0004	.0005	.0006	.0006	.0007	.0008	.0009
19	.0001	.0001	.0001	.0002	.0002	.0002	.0003	.0003	.0003	.0004
20	.0000	.0000	.0001	.0001	.0001	.0001	.0001	.0001	.0001	.0002
21	.0000	.0000	.0000	.0000	.0000	.0000	.0000	.0000	.0001	.0001

附表2-B(續)

x					μ					
	8.1	8.2	8.3	8.4	8.5	8.6	8.7	8.8	8.9	9.0
0	.0003	.0003	.0002	.0002	.0002	.0002	.0002	.0002	.0001	.0001
1	.0025	.0023	.0021	.0019	.0017	.0016	.0014	.0013	.0012	.0011
2	.0100	.0092	.0086	.0079	.0074	.0068	.0063	.0058	.0054	.0050
3	.0269	.0252	.0237	.0222	.0208	.0195	.0183	.0171	.0160	.0150
4	.0544	.0517	.0491	.0466	.0443	.0420	.0398	.0377	.0357	.0337
5	.0082	.0849	.0816	.0784	.0752	.0722	.0692	.0663	.0635	.0607
6	.1191	.1160	.1128	.1097	.1066	.1034	.1003	.0972	.0941	.0911
7	.1378	.1358	.1338	.1317	.1294	.1271	.1247	.1222	.1197	.1171
8	.1395	.1392	.1388	.1382	.1375	.1366	.1356	.1344	.1332	.1318
9	.1256	.1269	.1280	.1290	.1299	.1306	.1311	.1315	.1317	.1318
10	.1017	.1040	.1063	.1084	.1104	.1123	.1140	.1157	.1172	.1186
11	.0749	.0776	.0802	.0828	.0853	.0878	.0902	.0925	.0948	.0970
12	.0505	.0530	.0555	.0579	.0604	.0629	.0654	.0679	.0703	.0728
13	.0315	.0334	.0354	.0374	.0395	.0416	.0438	.0459	.0481	.0504
14	.0182	.0196	.0210	.0225	.0240	.0256	.0272	.0289	.0306	.0324
15	.0098	.0107	.0116	.0126	.0136	.0147	.0158	.0169	.0182	.0194
16	.0050	.0055	.0060	.0066	.0072	.0079	.0086	.0093	.0101	.0109
17	.0024	.0026	.0029	.0033	.0036	.0040	.0044	.0048	.0053	.0058
18	.0011	.0012	.0014	.0015	.0017	.0019	.0021	.0024	.0026	.0029
19	.0005	.0005	.0006	.0007	.0008	.0009	.0010	.0011	.0012	.0014
20	.0002	.0002	.0002	.0003	.0003	.0004	.0004	.0005	.0005	.0006
21	.0001	.0001	.0001	.0001	.0001	.0002	.0002	.0002	.0002	.0003
22	.0000	.0000	.0000	.0000	.0001	.0001	.0001	.0001	.0001	.0001

附表3　標準常態分配表

　　右圖陰影面積為標準常態分配曲線下由0到z的機率，即：

$$P(0 \leq Z \leq z) = 斜影面積$$

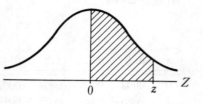

例：$P(0 \leq Z \leq 1.0) = 0.3413$

z	0	1	2	3	4	5	6	7	8	9
0.0	.0000	.0040	.0080	.0120	.0160	.0199	.0239	.0279	.0319	.0359
0.1	.0398	.0438	.0478	.0517	.0557	.0596	.0636	.0675	.0714	.0754
0.2	.0793	.0832	.0871	.0910	.0948	.0987	.1026	.1064	.1103	.1141
0.3	.1179	.1217	.1255	.1293	.1331	.1368	.1406	.1443	.1480	.1517
0.4	.1554	.1591	.1628	.1664	.1700	.1736	.1772	.1808	.1844	.1879
0.5	.1915	.1950	.1985	.2019	.2054	.2088	.2123	.2157	.2190	.2224
0.6	.2258	.2291	.2324	.2357	.2389	.2422	.2454	.2486	.2518	.2549
0.7	.2580	.2612	.2642	.2673	.2704	.2734	.2764	.2794	.2823	.2852
0.8	.2881	.2910	.2939	.2967	.2996	.3023	.3051	.3078	.3106	.3133
0.9	.3159	.3186	.3212	.3238	.3264	.3289	.3315	.3340	.3365	.3389
1.0	.3413	.3438	.3461	.3485	.3508	.3531	.3554	.3577	.3599	.3621
1.1	.3643	.3665	.3686	.3708	.3729	.3749	.3770	.3790	.3810	.3830
1.2	.3849	.3869	.3888	.3907	.3925	.3944	.3962	.3980	.3997	.4015
1.3	.4032	.4049	.4066	.4082	.4099	.4115	.4131	.4147	.4162	.4177
1.4	.4192	.4207	.4222	.4236	.4251	.4265	.4279	.4292	.4306	.4319
1.5	.4332	.4345	.4357	.4370	.4382	.4394	.4406	.4418	.4429	.4441
1.6	.4452	.4463	.4474	.4484	.4495	.4505	.4515	.4525	.4535	.4545
1.7	.4554	.4564	.4573	.4582	.4591	.4599	.4608	.4616	.4625	.4633
1.8	.4641	.4649	.4656	.4664	.4671	.4678	.4686	.4693	.4699	.4706
1.9	.4713	.4719	.4726	.4732	.4738	.4744	.4750	.4756	.4761	.4767

附表 3（續）

z	0	1	2	3	4	5	6	7	8	9
2.0	.4772	.4778	.4783	.4788	.4793	.4798	.4803	.4808	.4812	.4817
2.1	.4821	.4826	.4830	.4834	.4838	.4842	.4846	.4850	.4854	.4857
2.2	.4861	.4864	.4868	.4871	.4875	.4878	.4881	.4884	.4887	.4890
2.3	.4893	.4896	.4898	.4901	.4904	.4906	.4909	.4911	.4913	.4916
2.4	.4918	.4920	.4922	.4925	.4927	.4929	.4931	.4932	.4934	.4936
2.5	.4938	.4940	.4941	.4943	.4945	.4946	.4948	.4949	.4951	.4952
2.6	.4953	.4955	.4956	.4957	.4959	.4960	.4961	.4962	.4963	.4964
2.7	.4965	.4966	.4967	.4968	.4969	.4970	.4971	.4972	.4973	.4974
2.8	.4974	.4975	.4976	.4977	.4977	.4978	.4979	.4979	.4980	.4981
2.9	.4981	.4982	.4982	.4983	.4984	.4984	.4985	.4985	.4986	.4986
3.0	.4987	.4987	.4987	.4988	.4988	.4989	.4989	.4989	.4990	.4990
3.1	.4990	.4991	.4991	.4991	.4992	.4992	.4992	.4992	.4993	.4993
3.2	.4993	.4993	.4994	.4994	.4994	.4994	.4994	.4995	.4995	.4995
3.3	.4995	.4995	.4995	.4996	.4996	.4996	.4996	.4996	.4996	.4997
3.4	.4997	.4997	.4997	.4997	.4997	.4997	.4997	.4997	.4997	.4998
3.5	.4998	.4998	.4998	.4998	.4998	.4998	.4998	.4998	.4998	.4998
3.6	.4998	.4998	.4999	.4999	.4999	.4999	.4999	.4999	.4999	.4999
3.7	.4999	.4999	.4999	.4999	.4999	.4999	.4999	.4999	.4999	.4999
3.8	.4999	.4999	.4999	.4999	.4999	.4999	.4999	.4999	.4999	.4999
3.9	.5000	.5000	.5000	.5000	.5000	.5000	.5000	.5000	.5000	.5000

附表 4　*t* 分配表

　　右圖陰影面積是自由度 v 的 t 分配曲線下大於臨界值 $t_\alpha(v)$ 的機率，即：

$$P(X \geq t_\alpha(v)) = \alpha$$

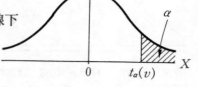

例：自由度 $v=6$ 的 t 分配曲線下右尾尾端機率為 $\alpha=0.05$ 所對應的臨界值為 $t_{0.05}(6)=1.943$

自由度(v)	尾端機率(α)				
	.10	.05	.025	.01	.005
1	3.078	6.314	12.706	31.821	63.657
2	1.886	2.920	4.303	6.965	9.925
3	1.638	2.353	3.182	4.541	5.841
4	1.533	2.132	2.776	3.747	4.604
5	1.476	2.015	2.571	3.365	4.032
6	1.440	1.943	2.447	3.143	3.707
7	1.415	1.895	2.365	2.998	3.499
8	1.397	1.860	2.306	2.896	3.355
9	1.383	1.833	2.262	2.821	3.250
10	1.372	1.812	2.228	2.764	3.169
11	1.363	1.796	2.201	2.718	3.106
12	1.356	1.782	2.179	2.681	3.055
13	1.350	1.771	2.160	2.650	3.012
14	1.345	1.761	2.145	2.624	2.977
15	1.341	1.753	2.131	2.602	2.947
16	1.337	1.746	2.120	2.583	2.921
17	1.333	1.740	2.110	2.567	2.898
18	1.330	1.734	2.101	2.552	2.878
19	1.328	1.729	2.093	2.539	2.861
20	1.325	1.725	2.086	2.528	2.845

附表 4 （續）

自由度(v)	尾端機率 (a)				
	.10	.05	.025	.01	.005
21	1.323	1.721	2.080	2.518	2.831
22	1.321	1.717	2.074	2.508	2.819
23	1.319	1.714	2.069	2.500	2.807
24	1.318	1.711	2.064	2.492	2.797
25	1.316	1.708	2.060	2.485	2.787
26	1.315	1.706	2.056	2.479	2.779
27	1.314	1.703	2.052	2.473	2.771
28	1.313	1.701	2.048	2.467	2.763
29	1.311	1.699	2.045	2.462	2.756
30	1.310	1.697	2.042	2.457	2.750
40	1.303	1.684	2.021	2.423	2.704
60	1.296	1.671	2.000	2.390	2.660
120	1.289	1.658	1.980	2.358	2.617
∞	1.282	1.645	1.960	2.326	2.576

感謝Biometrika Trustees同意本表摘自Table 12, *Percentage Points of the t Distribution*, 3rd Edition, 1966, E. S. Pearson and H. O. Hartley, *Biometrika Tables for Statisticans*, Vol. I.

附表 5　χ^2分配表（卡方分配表）

下圖陰影面積爲自由度v的χ^2分配曲線下大於卡方值$\chi^2_a(v)$的機率，

即：

$$P(X \geq \chi^2_a(v)) = a$$

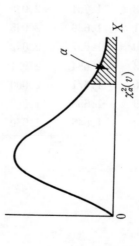

例：自由度$v=10$的χ^2分配曲線下右尾尾端機率爲$a=0.05$所對應的卡方值$\chi^2_{0.05}(10)=18.3070$

感謝Biometrika Trustees同意本表摘自Table 8, *Percentage Points of the χ^2 Distribution*, 3rd Edition, 1966, E. S. Pearson and H. O. Hartley, *Biometrika Tables for Statisticians*, Vol. I.

右尾尾端機率(α)

自由度(v)	.995	.99	.975	.95	.90	.10	.05	.025	.01	.005
1	392.704×10^{-10}	157.088×10^{-9}	982.069×10^{-9}	393.214×10^{-8}	.0157908	2.70554	3.84146	5.02389	6.63490	7.87944
2	.0100251	.0201007	.0506356	.102587	.210720	4.60517	5.99147	7.37776	9.21034	10.5966
3	.0717212	.114832	.215795	.351846	.584375	6.25139	7.81473	9.34840	11.3449	12.8381
4	.206990	.297110	.484419	.710721	1.063623	7.77944	9.48773	11.1433	13.2767	14.8602
5	.411740	.554300	.831211	1.145476	1.61031	9.23635	11.0705	12.8325	15.0863	16.7496
6	.675727	.872085	1.237347	1.63539	2.20413	10.6446	12.5916	14.4494	16.8119	18.5476
7	.989265	1.239043	1.68987	2.16735	2.83311	12.0170	14.0671	16.0128	18.4753	20.2777
8	1.344419	1.646482	2.17973	2.73264	3.48954	13.3616	15.5073	17.5346	20.0902	21.9550
9	1.734926	2.087912	2.70039	3.32511	4.16816	14.6837	16.9190	19.0228	21.6660	23.5893
10	2.15585	2.55821	3.24697	3.94030	4.86518	15.9871	18.3070	20.4831	23.2093	25.1882
11	2.60321	3.05347	3.81575	4.57481	5.57779	17.2750	19.6751	21.9200	24.7250	26.7569
12	3.07382	3.57056	4.40379	5.22603	6.30380	18.5494	21.0261	23.3367	26.2170	28.2995
13	3.56503	4.10691	5.00874	5.89186	7.04150	19.8119	22.3621	24.7356	27.6883	29.8194
14	4.07468	4.66043	5.62872	6.57063	7.7953	21.0642	23.6848	26.1190	29.1413	31.3193
15	4.60094	5.22935	6.26214	7.26094	8.54675	22.3072	24.9958	27.4884	30.5779	32.8013
16	5.14224	5.81221	6.90766	7.96164	9.31223	23.5418	26.2962	28.8454	31.9999	34.2672
17	5.69724	6.40776	7.56418	8.67176	10.0852	24.7690	27.5871	30.1910	33.4087	35.7185
18	6.26481	7.01491	8.23075	9.39046	10.8649	25.9894	28.8693	31.5264	34.8053	37.1564
19	6.84398	7.63273	8.90655	10.1170	11.6509	27.2036	30.1435	32.8523	36.1908	38.5822
20	7.43386	8.26040	9.59083	10.8508	12.4426	28.4120	31.4104	34.1696	37.5662	39.9968
21	8.03366	8.89720	10.28293	11.5913	13.2396	29.6151	32.6705	35.4789	38.9321	41.4010
22	8.64272	9.54249	10.9823	12.3380	14.0415	30.8133	33.9244	36.7807	40.2894	42.7958
23	9.26042	10.19567	11.6885	13.0905	14.8479	32.0069	35.1725	38.0757	41.6384	44.1813
24	9.88623	10.8564	12.4011	13.8484	15.6587	33.1963	36.4151	39.3641	42.9798	45.5585
25	10.5197	11.5240	13.1197	14.6114	16.4734	34.3816	37.6525	40.6465	44.3141	46.9278
26	11.1603	12.1981	13.8439	15.3791	17.2919	35.5631	38.8852	41.9232	45.6417	48.2899

附表 5（續）

右尾尾端機率(α)

自由度(v)	.995	.99	.975	.95	.90	.10	.05	.025	.01	.005
27	11.8076	12.8786	14.5733	16.1513	18.1138	36.7412	40.1133	43.1944	46.9630	49.6449
28	12.4613	13.5648	15.3079	16.9279	18.9392	37.9159	41.3372	44.4607	48.2782	50.9933
29	13.1211	14.2565	16.0471	17.7083	19.7677	39.0875	42.5569	45.7222	49.5879	52.3356
30	13.7867	14.9535	16.7908	18.4926	20.5992	40.2560	43.7729	46.9792	50.8922	53.6720
40	20.7065	22.1643	24.4331	26.5093	29.0505	51.8050	55.7585	59.3417	63.6907	66.7659
50	27.9907	29.7067	32.3574	34.7642	37.6886	63.1671	67.5048	71.4202	76.1539	79.4900
60	35.5346	37.4848	40.4817	43.1879	46.4589	74.3970	79.0819	83.2976	88.3794	91.9517
70	43.2752	45.4418	48.7576	51.7393	55.3290	85.5271	90.5312	95.0231	100.425	104.215
80	51.1720	53.5400	57.1532	60.3915	64.2778	96.5782	101.879	106.629	112.329	116.321
90	59.1963	61.7541	65.6466	69.1260	73.2912	107.565	113.145	118.136	124.116	128.299
100	67.3276	70.0648	74.2219	77.9295	82.3581	118.498	124.342	129.561	135.807	140.169

附表 6　*F* 分配表

下圖陰影面積是分子自由度 v_1 與分母自由度 v_2 的 *F* 分配曲線下大於臨界值 $F_a(v_1, v_2)$ 的機率，

即:

$$P(X \geq F_a(v_1, v_2)) = a$$

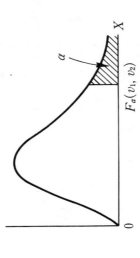

例: 分子自由度 $v_1 = 8$, 分母自由度 $v_2 = 15$ 的 *F* 分配曲線下右尾尾端機率為 $a = 0.05$ 所對應的臨界值 $F_{0.05}(8,15) = 2.64$

感謝 Biometrika Trustees 同意本表摘自 Table 18, *Percentage Points of the F Distribution*, 3rd Edition, 1966, E. S. Pearson and H. O. Hartley, *Biometrika Tables for Statisticans*, Vol. I.

F分配表($\alpha = 0.05$)

分子自由度(v_1)

分母自由度(v_2)	1	2	3	4	5	6	7	8	9	10	12	15	20	24	30	40	60	120	∞
1	161.4	199.5	215.7	224.6	230.2	234.0	236.8	238.9	240.5	241.9	243.9	245.9	248.0	249.1	250.1	251.1	252.2	253.3	254.3
2	18.51	19.00	19.16	19.25	19.30	19.33	19.35	19.37	19.38	19.40	19.41	19.43	19.45	19.45	19.46	19.47	19.48	19.49	19.50
3	10.13	9.55	9.28	9.12	9.01	8.94	8.89	8.85	8.81	8.79	8.74	8.70	8.66	8.64	8.62	8.59	8.57	8.55	8.53
4	7.71	6.94	6.59	6.39	6.26	6.16	6.09	6.04	6.00	5.96	5.91	5.86	5.80	5.77	5.75	5.72	5.69	5.66	5.63
5	6.61	5.79	5.41	5.19	5.05	4.95	4.88	4.82	4.77	4.74	4.68	4.62	4.56	4.53	4.50	4.46	4.43	4.40	4.36
6	5.99	5.14	4.76	4.53	4.39	4.28	4.21	4.15	4.10	4.06	4.00	3.94	3.87	3.84	3.81	3.77	3.74	3.70	3.67
7	5.59	4.74	4.35	4.12	3.97	3.87	3.79	3.73	3.68	3.64	3.57	3.51	3.44	3.41	3.38	3.34	3.30	3.27	3.23
8	5.32	4.46	4.07	3.84	3.69	3.58	3.50	3.44	3.39	3.35	3.28	3.22	3.15	3.12	3.08	3.04	3.01	2.97	2.93
9	5.12	4.26	3.86	3.63	3.48	3.37	3.29	3.23	3.18	3.14	3.07	3.01	2.94	2.90	2.86	2.83	2.79	2.75	2.71
10	4.96	4.10	3.71	3.48	3.33	3.22	3.14	3.07	3.02	2.98	2.91	2.85	2.77	2.74	2.70	2.66	2.62	2.58	2.54
11	4.84	3.98	3.59	3.36	3.20	3.09	3.01	2.95	2.90	2.85	2.79	2.72	2.65	2.61	2.57	2.53	2.49	2.45	2.40
12	4.75	3.89	3.49	3.26	3.11	3.00	2.91	2.85	2.80	2.75	2.69	2.62	2.54	2.51	2.47	2.43	2.38	2.34	2.30
13	4.67	3.81	3.41	3.18	3.03	2.92	2.83	2.77	2.71	2.67	2.60	2.53	2.46	2.42	2.38	2.34	2.30	2.25	2.21
14	4.60	3.74	3.34	3.11	2.96	2.85	2.76	2.70	2.65	2.60	2.53	2.46	2.39	2.35	2.31	2.27	2.22	2.18	2.13
15	4.54	3.68	3.29	3.06	2.90	2.79	2.71	2.64	2.59	2.54	2.48	2.40	2.33	2.29	2.25	2.20	2.16	2.11	2.07
16	4.49	3.63	3.24	3.01	2.85	2.74	2.66	2.59	2.54	2.49	2.42	2.35	2.28	2.24	2.19	2.15	2.11	2.06	2.01
17	4.45	3.59	3.20	2.96	2.81	2.70	2.61	2.55	2.49	2.45	2.38	2.31	2.23	2.19	2.15	2.10	2.06	2.01	1.96
18	4.41	3.55	3.16	2.93	2.77	2.66	2.58	2.51	2.46	2.41	2.34	2.27	2.19	2.15	2.11	2.06	2.02	1.97	1.92
19	4.38	3.52	3.13	2.90	2.74	2.63	2.54	2.48	2.42	2.38	2.31	2.23	2.16	2.11	2.07	2.03	1.98	1.93	1.88
20	4.35	3.49	3.10	2.87	2.71	2.60	2.51	2.45	2.39	2.35	2.28	2.20	2.12	2.08	2.04	1.99	1.95	1.90	1.84
21	4.32	3.47	3.07	2.84	2.68	2.57	2.49	2.42	2.37	2.32	2.25	2.18	2.10	2.05	2.01	1.96	1.92	1.87	1.81
22	4.30	3.44	3.05	2.82	2.66	2.55	2.46	2.40	2.34	2.30	2.23	2.15	2.07	2.03	1.98	1.94	1.89	1.84	1.78
23	4.28	3.42	3.03	2.80	2.64	2.53	2.44	2.37	2.32	2.27	2.20	2.13	2.05	2.01	1.96	1.91	1.86	1.81	1.76
24	4.26	3.40	3.01	2.78	2.62	2.51	2.42	2.36	2.30	2.25	2.18	2.11	2.03	1.98	1.94	1.89	1.84	1.79	1.73
25	4.24	3.39	2.99	2.76	2.60	2.49	2.40	2.34	2.28	2.24	2.16	2.09	2.01	1.96	1.92	1.87	1.82	1.77	1.71
26	4.23	3.37	2.98	2.74	2.59	2.47	2.39	2.32	2.27	2.22	2.15	2.07	1.99	1.95	1.90	1.85	1.80	1.75	1.69
27	4.21	3.35	2.96	2.73	2.57	2.46	2.37	2.31	2.25	2.20	2.13	2.06	1.97	1.93	1.88	1.84	1.79	1.73	1.67
28	4.20	3.34	2.95	2.71	2.56	2.45	2.36	2.29	2.24	2.19	2.12	2.04	1.96	1.91	1.87	1.82	1.77	1.71	1.65
29	4.18	3.33	2.93	2.70	2.55	2.43	2.35	2.28	2.22	2.18	2.10	2.03	1.94	1.90	1.85	1.81	1.75	1.70	1.64
30	4.17	3.32	2.92	2.69	2.53	2.42	2.33	2.27	2.21	2.16	2.09	2.01	1.93	1.89	1.84	1.79	1.74	1.68	1.62
40	4.08	3.23	2.84	2.61	2.45	2.34	2.25	2.18	2.12	2.08	2.00	1.92	1.84	1.79	1.74	1.69	1.64	1.58	1.51
60	4.00	3.15	2.76	2.53	2.37	2.25	2.17	2.10	2.04	1.99	1.92	1.84	1.75	1.70	1.65	1.59	1.53	1.47	1.39
120	3.92	3.07	2.68	2.45	2.29	2.17	2.09	2.02	1.96	1.91	1.83	1.75	1.66	1.61	1.55	1.50	1.43	1.35	1.25
∞	3.84	3.00	2.60	2.37	2.21	2.10	2.01	1.94	1.88	1.83	1.75	1.67	1.57	1.52	1.46	1.39	1.32	1.22	1.00

附表 6（續）

F分配表（α=0.025）

分子自由度（v_1）／分母自由度（v_2）

v_2＼v_1	1	2	3	4	5	6	7	8	9	10	12	15	20	24	30	40	60	120	∞
1	647.8	799.5	864.2	899.6	921.8	937.1	948.2	956.7	963.3	968.6	976.7	984.9	993.1	997.2	1,001	1,006	1,010	1,014	1,018
2	38.51	39.00	39.17	39.25	39.30	39.33	39.36	39.37	39.39	39.40	39.41	39.43	39.45	39.46	39.46	39.47	39.48	39.49	39.50
3	17.44	16.04	15.44	15.10	14.88	14.73	14.62	14.54	14.47	14.42	14.34	14.25	14.17	14.12	14.08	14.04	13.99	13.95	13.90
4	12.22	10.65	9.98	9.60	9.36	9.20	9.07	8.98	8.90	8.84	8.75	8.66	8.56	8.51	8.46	8.41	8.36	8.31	8.26
5	10.01	8.43	7.76	7.39	7.15	6.98	6.85	6.76	6.68	6.62	6.52	6.43	6.33	6.28	6.23	6.18	6.12	6.07	6.02
6	8.81	7.26	6.60	6.23	5.99	5.82	5.70	5.60	5.52	5.46	5.37	5.27	5.17	5.12	5.07	5.01	4.96	4.90	4.85
7	8.07	6.54	5.89	5.52	5.29	5.12	4.99	4.90	4.82	4.76	4.67	4.57	4.47	4.42	4.36	4.31	4.25	4.20	4.14
8	7.57	6.06	5.42	5.05	4.82	4.65	4.53	4.43	4.36	4.30	4.20	4.10	4.00	3.95	3.89	3.84	3.78	3.73	3.67
9	7.21	5.71	5.08	4.72	4.48	4.32	4.20	4.10	4.03	3.96	3.87	3.77	3.67	3.61	3.56	3.51	3.45	3.39	3.33
10	6.94	5.46	4.83	4.47	4.24	4.07	3.95	3.85	3.78	3.72	3.62	3.52	3.42	3.37	3.31	3.26	3.20	3.14	3.08
11	6.72	5.26	4.63	4.28	4.04	3.88	3.76	3.66	3.59	3.53	3.43	3.33	3.23	3.17	3.12	3.06	3.00	2.94	2.88
12	6.55	5.10	4.47	4.12	3.89	3.73	3.61	3.51	3.44	3.37	3.28	3.18	3.07	3.02	2.96	2.91	2.85	2.79	2.72
13	6.41	4.97	4.35	4.00	3.77	3.60	3.48	3.39	3.31	3.25	3.15	3.05	2.95	2.89	2.84	2.78	2.72	2.66	2.60
14	6.30	4.86	4.24	3.89	3.66	3.50	3.38	3.29	3.21	3.15	3.05	2.95	2.84	2.79	2.73	2.67	2.61	2.55	2.49
15	6.20	4.77	4.15	3.80	3.58	3.41	3.29	3.20	3.12	3.06	2.96	2.86	2.76	2.70	2.64	2.59	2.52	2.46	2.40
16	6.12	4.69	4.08	3.73	3.50	3.34	3.22	3.12	3.05	2.99	2.89	2.79	2.68	2.63	2.57	2.51	2.45	2.38	2.32
17	6.04	4.62	4.01	3.66	3.44	3.28	3.16	3.06	2.98	2.92	2.82	2.72	2.62	2.56	2.50	2.44	2.38	2.32	2.25
18	5.98	4.56	3.95	3.61	3.38	3.22	3.10	3.01	2.93	2.87	2.77	2.67	2.56	2.50	2.44	2.38	2.32	2.26	2.19
19	5.92	4.51	3.90	3.56	3.33	3.17	3.05	2.96	2.88	2.82	2.72	2.62	2.51	2.45	2.39	2.33	2.27	2.20	2.13
20	5.87	4.46	3.86	3.51	3.29	3.13	3.01	2.91	2.84	2.77	2.68	2.57	2.46	2.41	2.35	2.29	2.22	2.16	2.09
21	5.83	4.42	3.82	3.48	3.25	3.09	2.97	2.87	2.80	2.73	2.64	2.53	2.42	2.37	2.31	2.25	2.18	2.11	2.04
22	5.79	4.38	3.78	3.44	3.22	3.05	2.93	2.84	2.76	2.70	2.60	2.50	2.39	2.33	2.27	2.21	2.14	2.08	2.00
23	5.75	4.35	3.75	3.41	3.18	3.02	2.90	2.81	2.73	2.67	2.57	2.47	2.36	2.30	2.24	2.18	2.11	2.04	1.97
24	5.72	4.32	3.72	3.38	3.15	2.99	2.87	2.78	2.70	2.64	2.54	2.44	2.33	2.27	2.21	2.15	2.08	2.01	1.94
25	5.69	4.29	3.69	3.35	3.13	2.97	2.85	2.75	2.68	2.61	2.51	2.41	2.30	2.24	2.18	2.12	2.05	1.98	1.91
26	5.66	4.27	3.67	3.33	3.10	2.94	2.82	2.73	2.65	2.59	2.49	2.39	2.28	2.22	2.16	2.09	2.03	1.95	1.88
27	5.63	4.24	3.65	3.31	3.08	2.92	2.80	2.71	2.63	2.57	2.47	2.36	2.25	2.19	2.13	2.07	2.00	1.93	1.85
28	5.61	4.22	3.63	3.29	3.06	2.90	2.78	2.69	2.61	2.55	2.45	2.34	2.23	2.17	2.11	2.05	1.98	1.91	1.83
29	5.59	4.20	3.61	3.27	3.04	2.88	2.76	2.67	2.59	2.53	2.43	2.32	2.21	2.15	2.09	2.03	1.96	1.89	1.81
30	5.57	4.18	3.59	3.25	3.03	2.87	2.75	2.65	2.57	2.51	2.41	2.31	2.20	2.14	2.07	2.01	1.94	1.87	1.79
40	5.42	4.05	3.46	3.13	2.90	2.74	2.62	2.53	2.45	2.39	2.29	2.18	2.07	2.01	1.94	1.88	1.80	1.72	1.64
60	5.29	3.93	3.34	3.01	2.79	2.63	2.51	2.41	2.33	2.27	2.17	2.06	1.94	1.88	1.82	1.74	1.67	1.58	1.48
120	5.15	3.80	3.23	2.89	2.67	2.52	2.39	2.30	2.22	2.16	2.05	1.94	1.82	1.76	1.69	1.61	1.53	1.43	1.31
∞	5.02	3.69	3.12	2.79	2.57	2.41	2.29	2.19	2.11	2.05	1.94	1.83	1.71	1.64	1.57	1.48	1.39	1.27	1.00

附表 6（續）

F分配表（α=0.01）

分母自由度 (v_2)	分子自由度 (v_1)																		
	1	2	3	4	5	6	7	8	9	10	12	15	20	24	30	40	60	120	∞
1	4,052	4,999.5	5,403	5,625	5,764	5,859	5,928	5,982	6,022	6,056	6,106	6,157	6,209	6,235	6,261	6,287	6,313	6,339	6,366
2	98.50	99.00	99.17	99.25	99.30	99.33	99.36	99.37	99.39	99.40	99.42	99.43	99.45	99.46	99.47	99.47	99.48	99.49	99.50
3	34.12	30.82	29.46	28.71	28.24	27.91	27.67	27.49	27.35	27.23	27.05	26.87	26.69	26.60	26.50	26.41	26.32	26.22	26.13
4	21.20	18.00	16.69	15.98	15.52	15.21	14.98	14.80	14.66	14.55	14.37	14.20	14.02	13.93	13.84	13.75	13.65	13.56	13.46
5	16.26	13.27	12.06	11.39	10.97	10.67	10.46	10.29	10.16	10.05	9.89	9.72	9.55	9.47	9.38	9.29	9.20	9.11	9.06
6	13.75	10.92	9.78	9.15	8.75	8.47	8.26	8.10	7.98	7.87	7.72	7.56	7.40	7.31	7.23	7.14	7.06	6.97	6.88
7	12.25	9.55	8.45	7.85	7.46	7.19	6.99	6.84	6.72	6.62	6.47	6.31	6.16	6.07	5.99	5.91	5.82	5.74	5.65
8	11.26	8.65	7.59	7.01	6.63	6.37	6.18	6.03	5.91	5.81	5.67	5.52	5.36	5.28	5.20	5.12	5.03	4.95	4.86
9	10.56	8.02	6.99	6.42	6.06	5.80	5.61	5.47	5.35	5.26	5.11	4.96	4.81	4.73	4.65	4.57	4.48	4.40	4.31
10	10.04	7.56	6.55	5.99	5.64	5.39	5.20	5.06	4.94	4.85	4.71	4.56	4.41	4.33	4.25	4.17	4.08	4.00	3.91
11	9.65	7.21	6.22	5.67	5.32	5.07	4.89	4.74	4.63	4.54	4.40	4.25	4.10	4.02	3.94	3.86	3.78	3.69	3.60
12	9.33	6.93	5.95	5.41	5.06	4.82	4.64	4.50	4.39	4.30	4.16	4.01	3.86	3.78	3.70	3.62	3.54	3.45	3.36
13	9.07	6.70	5.74	5.21	4.86	4.62	4.44	4.30	4.19	4.10	3.96	3.82	3.66	3.59	3.51	3.43	3.34	3.25	3.17
14	8.86	6.51	5.56	5.04	4.69	4.46	4.28	4.14	4.03	3.94	3.80	3.66	3.51	3.43	3.35	3.27	3.18	3.09	3.00
15	8.68	6.36	5.42	4.89	4.56	4.32	4.14	4.00	3.89	3.80	3.67	3.52	3.37	3.29	3.21	3.13	3.05	2.96	2.87
16	8.53	6.23	5.29	4.77	4.44	4.20	4.03	3.89	3.78	3.69	3.55	3.41	3.26	3.18	3.10	3.02	2.93	2.84	2.75
17	8.40	6.11	5.18	4.67	4.34	4.10	3.93	3.79	3.68	3.59	3.46	3.31	3.16	3.08	3.00	2.92	2.83	2.75	2.65
18	8.29	6.01	5.09	4.58	4.25	4.01	3.84	3.71	3.60	3.51	3.37	3.23	3.08	3.00	2.92	2.84	2.75	2.66	2.57
19	8.18	5.93	5.01	4.50	4.17	3.94	3.77	3.63	3.52	3.43	3.30	3.15	3.00	2.92	2.84	2.76	2.67	2.58	2.49
20	8.10	5.85	4.94	4.43	4.10	3.87	3.70	3.56	3.46	3.37	3.23	3.09	2.94	2.86	2.78	2.69	2.61	2.52	2.42
21	8.02	5.78	4.87	4.37	4.04	3.81	3.64	3.51	3.40	3.31	3.17	3.03	2.88	2.80	2.72	2.64	2.55	2.46	2.36
22	7.95	5.72	4.82	4.31	3.99	3.76	3.59	3.45	3.35	3.26	3.12	2.98	2.83	2.75	2.67	2.58	2.50	2.40	2.31
23	7.88	5.66	4.76	4.26	3.94	3.71	3.54	3.41	3.30	3.21	3.07	2.93	2.78	2.70	2.62	2.54	2.45	2.35	2.26
24	7.82	5.61	4.72	4.22	3.90	3.67	3.50	3.36	3.26	3.17	3.03	2.89	2.74	2.66	2.58	2.49	2.40	2.31	2.21
25	7.77	5.57	4.68	4.18	3.85	3.63	3.46	3.32	3.22	3.13	2.99	2.85	2.70	2.62	2.54	2.45	2.36	2.27	2.17
26	7.72	5.53	4.64	4.14	3.82	3.59	3.42	3.29	3.18	3.09	2.96	2.81	2.66	2.58	2.50	2.42	2.33	2.23	2.13
27	7.68	5.49	4.60	4.11	3.78	3.56	3.39	3.26	3.15	3.06	2.93	2.78	2.63	2.55	2.47	2.38	2.29	2.20	2.10
28	7.64	5.45	4.57	4.07	3.75	3.53	3.36	3.23	3.12	3.03	2.90	2.75	2.60	2.52	2.44	2.35	2.26	2.17	2.06
29	7.60	5.42	4.54	4.04	3.73	3.50	3.33	3.20	3.09	3.00	2.87	2.73	2.57	2.49	2.41	2.33	2.23	2.14	2.03
30	7.56	5.39	4.51	4.02	3.70	3.47	3.30	3.17	3.07	2.98	2.84	2.70	2.55	2.47	2.39	2.30	2.21	2.11	2.01
40	7.31	5.18	4.31	3.83	3.51	3.29	3.12	2.99	2.89	2.80	2.66	2.52	2.37	2.29	2.20	2.11	2.02	1.92	1.80
60	7.08	4.98	4.13	3.65	3.34	3.12	2.95	2.82	2.72	2.63	2.50	2.35	2.20	2.12	2.03	1.94	1.84	1.73	1.60
120	6.85	4.79	3.95	3.48	3.17	2.96	2.79	2.66	2.56	2.47	2.34	2.19	2.03	1.95	1.86	1.76	1.66	1.53	1.38
∞	6.63	4.61	3.78	3.32	3.02	2.80	2.64	2.51	2.41	2.32	2.18	2.04	1.88	1.79	1.70	1.59	1.47	1.32	1.00

附表 7　Mann-Whitney U 分配表

本表所列爲 $n_1 \le n_2$，且 $3 \le n_2 \le 10$ 的 Mann-Whitney U 分配小於 U_0 的機率，即：

$$P(U \le U_0)$$

例：若 $n_1 = 3$, $n_2 = 4$, $u_0 = 5$

則　$P(U \le 5) = 0.4286$

(1) $n_2 = 3$

	$n_1 =$	1	2	3
	0	.25	.10	.05
	1	.50	.20	.10
U_0	2		.40	.20
	3		.60	.35
	4			.50

(2) $n_2 = 4$

	$n_1 =$	1	2	3	4
	0	.2000	.0667	.0286	.0143
	1	.4000	.1333	.0571	.0286
	2	.6000	.2667	.1143	.0571
	3		.4000	.2000	.1000
U_0	4		.6000	.3143	.1714
	5			.4286	.2429
	6			.5714	.3429
	7				.4429
	8				.5571

附表 7（續）

(3) $n_2 = 5$

$n_1 =$		1	2	3	4	5
	0	.1667	.0476	.0179	.0079	.0040
	1	.3333	.0952	.0357	.0159	.0079
	2	.5000	.1905	.0714	.0317	.0159
	3		.2857	.1250	.0556	.0278
	4		.4286	.1964	.0952	.0476
	5		.5714	.2857	.1429	.0754
U_0	6			.3929	.2063	.1111
	7			.5000	.2778	.1548
	8				.3651	.2103
	9				.4524	.2738
	10				.5476	.3452
	11					.4206
	12					.5000

(4) $n_2 = 6$

$n_1 =$		1	2	3	4	5	6
	0	.1429	.0357	.0119	.0048	.0022	.0011
	1	.2857	.0714	.0238	.0095	.0043	.0022
	2	.4286	.1429	.0476	.0190	.0087	.0043
	3	.5714	.2143	.0833	.0333	.0152	.0076
	4		.3214	.1310	.0571	.0260	.0130
	5		.4286	.1905	.0857	.0411	.0206
	6		.5714	.2738	.1286	.0628	.0325
	7			.3571	.1762	.0887	.0465
	8			.4524	.2381	.1234	.0660
U_0	9			.5476	.3048	.1645	.0898
	10				.3810	.2143	.1201
	11				.4571	.2684	.1548
	12				.5429	.3312	.1970
	13					.3961	.2424
	14					.4654	.2944
	15					.5346	.3496
	16						.4091
	17						.4686
	18						.5314

附表 7（續）

(5)$n_2 = 7$

$n_1 =$	1	2	3	4	5	6	7
0	.1250	.0278	.0083	.0030	.0013	.0006	.0003
1	.2500	.0556	.0167	.0061	.0025	.0012	.0006
2	.3750	.1111	.0333	.0121	.0051	.0023	.0012
3	.5000	.1667	.0583	.0212	.0088	.0041	.0020
4		.2500	.0917	.0364	.0152	.0070	.0035
5		.3333	.1333	.0545	.0240	.0111	.0055
6		.4444	.1917	.0818	.0366	.0175	.0087
7		.5556	.2583	.1152	.0530	.0256	.0131
8			.3333	.1576	.0745	.0367	.0189
9			.4167	.2061	.1010	.0507	.0265
10			.5000	.2636	.1338	.0688	.0364
11				.3242	.1717	.0903	.0487
U_0 12				.3939	.2159	.1171	.0641
13				.4636	.2652	.1474	.0825
14				.5364	.3194	.1830	.1043
15					.3775	.2226	.1297
16					.4381	.2669	.1588
17					.5000	.3141	.1914
18						.3654	.2279
19						.4178	.2675
20						.4726	.3100
21						.5274	.3552
22							.4024
23							.4508
24							.5000

附表 7（續）

(6) $n_2 = 8$

$n_1 =$	1	2	3	4	5	6	7	8
0	.1111	.0222	.0061	.0020	.0008	.0003	.0002	.0001
1	.2222	.0444	.0121	.0040	.0016	.0007	.0003	.0002
2	.3333	.0889	.0242	.0081	.0031	.0013	.0006	.0003
3	.4444	.1333	.0424	.0141	.0054	.0023	.0011	.0005
4	.5556	.2000	.0667	.0242	.0093	.0040	.0019	.0009
5		.2667	.0970	.0364	.0148	.0063	.0030	.0015
6		.3556	.1394	.0545	.0225	.0100	.0047	.0023
7		.4444	.1879	.0768	.0326	.0147	.0070	.0035
8		.5556	.2485	.1071	.0466	.0213	.0103	.0052
9			.3152	.1414	.0637	.0296	.0145	.0074
10			.3879	.1838	.0855	.0406	.0200	.0103
11			.4606	.2303	.1111	.0539	.0270	.0141
12			.5394	.2848	.1422	.0709	.0361	.0190
13				.3414	.1772	.0906	.0469	.0249
14				.4040	.2176	.1142	.0603	.0325
15				.4667	.2618	.1412	.0760	.0415
U_0 16				.5333	.3108	.1725	.0946	.0524
17					.3621	.2068	.1159	.0652
18					.4165	.2454	.1405	.0803
19					.4716	.2864	.1678	.0974
20					.5284	.3310	.1984	.1172
21						.3773	.2317	.1393
22						.4259	.2679	.1641
23						.4749	.3063	.1911
24						.5251	.3472	.2209
25							.3894	.2527
26							.4333	.2869
27							.4775	.3227
28							.5225	.3605
29								.3992
30								.4392
31								.4796
32								.5204

附表 7（續）

	$n_1=$	1	2	3	4	5	6	7	8	9
	0	.1000	.0182	.0045	.0014	.0005	.0002	.0001	.0000	.0000
	1	.2000	.0364	.0091	.0028	.0010	.0004	.0002	.0001	.0000
	2	.3000	.0727	.0182	.0056	.0020	.0008	.0003	.0002	.0001
	3	.4000	.1091	.0318	.0098	.0035	.0014	.0006	.0003	.0001
	4	.5000	.1636	.0500	.0168	.0060	.0024	.0010	.0005	.0002
	5		.2182	.0727	.0252	.0095	.0038	.0017	.0008	.0004
	6		.2909	.1045	.0378	.0145	.0060	.0026	.0012	.0006
	7		.3636	.1409	.0531	.0210	.0088	.0039	.0019	.0009
	8		.4545	.1864	.0741	.0300	.0128	.0058	.0028	.0014
	9		.5455	.2409	.0993	.0415	.0180	.0082	.0039	.0020
	10			.3000	.1301	.0559	.0248	.0115	.0056	.0028
	11			.3636	.1650	.0734	.0332	.0156	.0076	.0039
	12			.4318	.2070	.0949	.0440	.0209	.0103	.0053
	13			.5000	.2517	.1199	.0567	.0274	.0137	.0071
	14				.3021	.1489	.0723	.0356	.0180	.0094
	15				.3552	.1818	.0905	.0454	.0232	.0122
	16				.4126	.2188	.1119	.0571	.0296	.0157
	17				.4699	.2592	.1361	.0708	.0372	.0200
	18				.5301	.3032	.1638	.0869	.0464	.0252
	19					.3497	.1942	.1052	.0570	.0313
U_0	20					.3986	.2280	.1261	.0694	.0385
	21					.4491	.2643	.1496	.0836	.0470
	22					.5000	.3035	.1755	.0998	.0567
	23						.3445	.2039	.1179	.0680
	24						.3878	.2349	.1383	.0807
	25						.4320	.2680	.1606	.0951
	26						.4773	.3032	.1852	.1112
	27						.5227	.3403	.2117	.1290
	28							.3788	.2404	.1487
	29							.4185	.2707	.1701
	30							.4591	.3029	.1933
	31							.5000	.3365	.2181
	32								.3715	.2447
	33								.4074	.2729
	34								.4442	.3024
	35								.4813	.3332
	36								.5187	.3652
	37									.3981
	38									.4317
	39									.4657
	40									.5000

附表 7（續）

	$n_1=$ 1	2	3	4	5	6	7	8	9	10
0	.0909	.0152	.0035	.0010	.0003	.0001	.0001	.0000	.0000	.0000
1	.1818	.0303	.0070	.0020	.0007	.0002	.0001	.0000	.0000	.0000
2	.2727	.0606	.0140	.0040	.0013	.0005	.0002	.0001	.0000	.0000
3	.3636	.0909	.0245	.0070	.0023	.0009	.0004	.0002	.0001	.0000
4	.4545	.1364	.0385	.0120	.0040	.0015	.0006	.0003	.0001	.0001
5	.5455	.1818	.0559	.0180	.0063	.0024	.0010	.0004	.0002	.0001
6		.2424	.0804	.0270	.0097	.0037	.0015	.0007	.0003	.0002
7		.3030	.1084	.0380	.0140	.0055	.0023	.0010	.0005	.0002
8		.3788	.1434	.0529	.0200	.0080	.0034	.0015	.0007	.0004
9		.4545	.1853	.0709	.0276	.0112	.0048	.0022	.0011	.0005
10		.5455	.2343	.0939	.0376	.0156	.0068	.0031	.0015	.0008
11			.2867	.1199	.0496	.0210	.0093	.0043	.0021	.0010
12			.3462	.1518	.0646	.0280	.0125	.0058	.0028	.0014
13			.4056	.1868	.0823	.0363	.0165	.0078	.0038	.0019
14			.4685	.2268	.1032	.0467	.0215	.0103	.0051	.0026
15			.5315	.2697	.1272	.0589	.0277	.0133	.0066	.0034
16				.3177	.1548	.0736	.0351	.0171	.0086	.0045
17				.3666	.1855	.0903	.0439	.0217	.0110	.0057
18				.4196	.2198	.1099	.0544	.0273	.0140	.0073
19				.4725	.2567	.1317	.0665	.0338	.0175	.0093
20				.5275	.2970	.1566	.0806	.0416	.0217	.0116
21					.3393	.1838	.0966	.0506	.0267	.0144
22					.3839	.2139	.1148	.0610	.0326	.0177
23					.4296	.2461	.1349	.0729	.0394	.0216
24					.4765	.2811	.1574	.0864	.0474	.0262
U_0 25					.5235	.3177	.1819	.1015	.0564	.0315
26						.3564	.2087	.1185	.0667	.0376
27						.3962	.2374	.1371	.0782	.0446
28						.4374	.2681	.1577	.0912	.0526
29						.4789	.3004	.1800	.1055	.0615
30						.5211	.3345	.2041	.1214	.0716
31							.3698	.2299	.1388	.0827
32							.4063	.2574	.1577	.0952
33							.4434	.2863	.1781	.1088
34							.4811	.3167	.2001	.1237
35							.5189	.3482	.2235	.1399
36								.3809	.2483	.1575
37								.4143	.2745	.1763
38								.4484	.3019	.1965
39								.4827	.3304	.2179
40								.5173	.3598	.2406
41									.3901	.2644
42									.4211	.2894
43									.4524	.3153
44									.4841	.3421
45									.5159	.3697
46										.3980
47										.4267
48										.4559
49										.4853
50										.5147

附表 8　Wilcoxon檢定統計量臨界值表

本表所列爲$n=5, 6, \cdots, 50$，單尾及雙尾的Wilcoxon成對符號等級統計量R檢定的臨界值。

例：若$n=9$，在$\alpha=0.05$的雙尾檢定臨界值爲6，即

$$P(R>6)=0.025$$

單尾	雙尾	$n=5$	$n=6$	$n=7$	$n=8$	$n=9$	$n=10$
$\alpha=.05$	$\alpha=.10$	1	2	4	6	8	11
$\alpha=.025$	$\alpha=.05$		1	2	4	6	8
$\alpha=.01$	$\alpha=.02$			0	2	3	5
$\alpha=.005$	$\alpha=.01$				0	2	3

單尾	雙尾	$n=11$	$n=12$	$n=13$	$n=14$	$n=15$	$n=16$
$\alpha=.05$	$\alpha=.10$	14	17	21	26	30	36
$\alpha=.025$	$\alpha=.05$	11	14	17	21	25	30
$\alpha=.01$	$\alpha=.02$	7	10	13	16	20	24
$\alpha=.005$	$\alpha=.01$	5	7	10	13	16	19

單尾	雙尾	$n=17$	$n=18$	$n=19$	$n=20$	$n=21$	$n=22$
$\alpha=.05$	$\alpha=.10$	41	47	54	60	68	75
$\alpha=.025$	$\alpha=.05$	35	40	46	52	59	66
$\alpha=.01$	$\alpha=.02$	28	33	38	43	49	56
$\alpha=.005$	$\alpha=.01$	23	28	32	37	43	49

單尾	雙尾	$n=23$	$n=24$	$n=25$	$n=26$	$n=27$	$n=28$
$\alpha=.05$	$\alpha=.10$	83	92	101	110	120	130
$\alpha=.025$	$\alpha=.05$	73	81	90	98	107	117
$\alpha=.01$	$\alpha=.02$	62	69	77	85	93	102
$\alpha=.005$	$\alpha=.01$	55	61	68	76	84	92

附表 8 （續）

單尾	雙尾	$n=29$	$n=30$	$n=31$	$n=32$	$n=33$	$n=34$
$\alpha=.05$	$\alpha=.10$	141	152	163	175	199	201
$\alpha=.025$	$\alpha=.05$	127	137	148	159	171	183
$\alpha=.01$	$\alpha=.02$	111	120	130	141	151	162
$\alpha=.005$	$\alpha=.01$	100	109	118	128	138	149

單尾	雙尾	$n=35$	$n=36$	$n=37$	$n=38$	$n=39$	
$\alpha=.05$	$\alpha=.10$	214	228	242	256	271	
$\alpha=.025$	$\alpha=.05$	195	208	222	235	250	
$\alpha=.01$	$\alpha=.02$	174	186	198	211	224	
$\alpha=.005$	$\alpha=.01$	160	171	183	195	208	

單尾	雙尾	$n=40$	$n=41$	$n=42$	$n=43$	$n=44$	$n=45$
$\alpha=.05$	$\alpha=.10$	287	303	319	336	353	371
$\alpha=.025$	$\alpha=.05$	264	279	295	311	327	344
$\alpha=.01$	$\alpha=.02$	238	252	267	281	297	313
$\alpha=.005$	$\alpha=.01$	221	234	248	262	277	292

單尾	雙尾	$n=46$	$n=47$	$n=48$	$n=49$	$n=50$	
$\alpha=.05$	$\alpha=.10$	389	408	427	446	466	
$\alpha=.025$	$\alpha=.05$	361	379	397	415	434	
$\alpha=.01$	$\alpha=.02$	329	345	362	380	398	
$\alpha=.005$	$\alpha=.01$	307	323	339	356	373	

感謝American Cyanamid Company同意本表摘自Wilcoxon, F. and R. A. Wilcox "Some Rapid Approximate Statistical Procedures." 1964.

附表 9 連段數分配表

本表所列爲樣本數 n_1, n_2，連段數 R 小於特定值 R_0 的機率。

例： 若 $n_1=3$, $n_2=3$，且 $R_0=4$，則
$$P(R \leq 4)=0.7$$

(n_1, n_2)	R_0								
	2	3	4	5	6	7	8	9	10
(2,3)	.200	.500	.900	1.000					
(2,4)	.133	.400	.800	1.000					
(2,5)	.095	.333	.714	1.000					
(2,6)	.071	.286	.643	1.000					
(2,7)	.056	.250	.583	1.000					
(2,8)	.044	.222	.533	1.000					
(2,9)	.036	.200	.491	1.000					
(2,10)	.030	.182	.455	1.000					
(3,3)	.100	.300	.700	.900	1.000				
(3,4)	.057	.200	.543	.800	.971	1.000			
(3,5)	.036	.143	.429	.714	.929	1.000			
(3,6)	.024	.107	.345	.643	.881	1.000			
(3,7)	.017	.083	.283	.583	.833	1.000			
(3,8)	.012	.067	.236	.533	.788	1.000			
(3,9)	.009	.055	.200	.491	.745	1.000			
(3,10)	.007	.045	.171	.455	.706	1.000			
(4,4)	.029	.114	.371	.629	.886	.971	1.000		
(4,5)	.016	.071	.262	.500	.786	.929	.992	1.000	
(4,6)	.010	.048	.190	.405	.690	.881	.976	1.000	
(4,7)	.006	.033	.142	.333	.606	.833	.954	1.000	
(4,8)	.004	.024	.109	.279	.533	.788	.929	1.000	
(4,9)	.003	.018	.085	.236	.471	.745	.902	1.000	
(4,10)	.002	.014	.068	.203	.419	.706	.874	1.000	
(5,5)	.008	.040	.167	.357	.643	.833	.960	.992	1.000
(5,6)	.004	.024	.110	.262	.522	.738	.911	.976	.998
(5,7)	.003	.015	.076	.197	.424	.652	.854	.955	.992
(5,8)	.002	.010	.054	.152	.347	.576	.793	.929	.984
(5,9)	.001	.007	.039	.119	.287	.510	.734	.902	.972
(5,10)	.001	.005	.029	.095	.239	.455	.678	.874	.958
(6,6)	.002	.013	.067	.175	.392	.608	.825	.933	.987
(6,7)	.001	.008	.043	.121	.296	.500	.733	.879	.966
(6,8)	.001	.005	.028	.086	.226	.413	.646	.821	.937
(6,9)	.000	.003	.019	.063	.175	.343	.566	.762	.902
(6,10)	.000	.002	.013	.047	.137	.288	.497	.706	.864
(7,7)	.001	.004	.025	.078	.209	.383	.617	.791	.922
(7,8)	.000	.002	.015	.051	.149	.296	.514	.704	.867
(7,9)	.000	.001	.010	.035	.108	.231	.427	.622	.806
(7,10)	.000	.001	.006	.024	.080	.182	.355	.549	.743
(8,8)	.000	.001	.009	.032	.100	.214	.405	.595	.786
(8,9)	.000	.001	.005	.020	.069	.157	.319	.500	.702
(8,10)	.000	.000	.003	.013	.048	.117	.251	.419	.621
(9,9)	.000	.000	.003	.012	.044	.109	.238	.399	.601
(9,10)	.000	.000	.002	.008	.029	.077	.179	.319	.510
(10,10)	.000	.000	.001	.004	.019	.051	.128	.242	.414

附表 9（續）

(n_1, n_2)	R_0									
	11	12	13	14	15	16	17	18	19	20
(2,3)										
(2,4)										
(2,5)										
(2,6)										
(2,7)										
(2,8)										
(2,9)										
(2,10)										
(3,3)										
(3,4)										
(3,5)										
(3,6)										
(3,7)										
(3,8)										
(3,9)										
(3,10)										
(4,4)										
(4,5)										
(4,6)										
(4,7)										
(4,8)										
(4,9)										
(4,10)										
(5,5)										
(5,6)	1.000									
(5,7)	1.000									
(5,8)	1.000									
(5,9)	1.000									
(5,10)	1.000									
(6,6)	.998	1.000								
(6,7)	.992	.999	1.000							
(6,8)	.984	.998	1.000							
(6,9)	.972	.994	1.000							
(6,10)	.958	.990	1.000							
(7,7)	.975	.996	.999	1.000						
(7,8)	.949	.988	.998	1.000	1.000					
(7,9)	.916	.975	.994	.999	1.000					
(7,10)	.879	.957	.990	.998	1.000					
(8,8)	.900	.968	.991	.999	1.000	1.000				
(8,9)	.843	.939	.980	.996	.999	1.000	1.000			
(8,10)	.782	.903	.964	.990	.998	1.000	1.000			
(9,9)	.762	.891	.956	.988	.997	1.000	1.000	1.000		
(9,10)	.681	.834	.923	.974	.992	.999	1.000	1.000	1.000	
(10,10)	.586	.758	.872	.949	.981	.996	.999	1.000	1.000	1.000

經 Institute of Mathematical Statistics 授權，本表摘自 Swed, F., and C. Eisenhart. "Tables for Testing Randomness of Grouping in a Sequence of Alternatives." *Annals of Mathematical Statistics*, Vol. 14, 1943.

附表10　Spearman等級相關係數臨界值表

本表所列爲等級相關係數r大於臨界值的機率爲α。

例：　若n＝10, α＝0.05

　　　則$P(r \geq 0.564)$＝0.05，即臨界值爲0.564

n	α＝.05	α＝.025	α＝.01	α＝.005
5	.900	—	—	—
6	.829	.886	.943	—
7	.714	.786	.893	—
8	.643	.738	.833	.881
9	.600	.683	.783	.833
10	.564	.648	.745	.794
11	.523	.623	.736	.818
12	.497	.591	.703	.780
13	.475	.566	.673	.745
14	.457	.545	.646	.716
15	.441	.525	.623	.689
16	.425	.507	.601	.666
17	.412	.490	.582	.645
18	.399	.476	.564	.625
19	.388	.462	.549	.608
20	.377	.450	.534	.591
21	.368	.438	.521	.576
22	.359	.428	.508	.562
23	.351	.418	.496	.549
24	.343	.409	.485	.537
25	.336	.400	.475	.526
26	.329	.392	.465	.515
27	.323	.385	.456	.505
28	.317	.377	.448	.496
29	.311	.370	.440	.487
30	.305	.364	.432	.478

經 Institute of Mathematical Statistics 授權，本表摘自 Olds, E. G. "Distribution of Sums of Squares of Rank Differences for Small Numbers of Individuals." *Annals of Mathematical Statistics*, Vol. 9, 1938.

附表11 Kolmogorov-Smirnov檢定統計量臨界值表

本表所列爲樣本數n，統計量D大於臨界值D_a的機率爲α。

例： 若$n=10$, $\alpha=0.05$

則$P(D \geq 0.409)=0.05$，即臨界值$D_0=0.409$

n	α .20	.10	.05	.02	.01	n	α .20	.10	.05	.02	.01
1	.900	.950	.975	.990	.995	21	.226	.259	.287	.321	.344
2	.684	.776	.842	.900	.929	22	.221	.253	.281	.314	.337
3	.565	.636	.708	.785	.829	23	.216	.247	.275	.307	.330
4	.493	.565	.624	.689	.734	24	.212	.242	.269	.301	.323
5	.447	.509	.563	.627	.669	25	.208	.238	.264	.295	.317
6	.410	.468	.519	.577	.617	26	.204	.233	.259	.290	.311
7	.381	.436	.483	.538	.576	27	.200	.229	.254	.284	.305
8	.358	.410	.454	.507	.542	28	.197	.225	.250	.279	.300
9	.339	.387	.430	.480	.513	29	.193	.221	.246	.275	.295
10	.323	.369	.409	.457	.489	30	.190	.218	.242	.270	.290
11	.308	.352	.391	.437	.468	31	.187	.214	.238	.266	.285
12	.296	.338	.375	.419	.449	32	.184	.211	.234	.262	.281
13	.285	.325	.361	.404	.432	33	.182	.208	.231	.258	.277
14	.275	.314	.349	.390	.418	34	.179	.205	.227	.254	.273
15	.266	.304	.338	.377	.404	35	.177	.202	.224	.251	.269
16	.258	.295	.327	.366	.392	36	.174	.199	.221	.247	.265
17	.250	.286	.318	.355	.381	37	.172	.196	.218	.244	.262
18	.244	.279	.309	.346	.371	38	.170	.194	.215	.241	.258
19	.237	.271	.301	.337	.361	39	.168	.191	.213	.238	.255
20	.232	.265	.294	.329	.352	40	.165	.189	.210	.235	.252
						Over 40	$\frac{1.07}{\sqrt{n}}$	$\frac{1.22}{\sqrt{n}}$	$\frac{1.36}{\sqrt{n}}$	$\frac{1.52}{\sqrt{n}}$	$\frac{1.63}{\sqrt{n}}$

感謝 American Statistical Association 同意本表摘 自Miller, L. H. "Tables of Percentage Points of Kolmogorov Statistic." *Journal of the American Statistical Association*, Vol. 51, 1956.

三民大專用書書目——國父遺教

三民主義	孫　　文	著	
三民主義要論	周　世　輔	編著	前政治大學
大專聯考三民主義複習指要	涂　子　麟	著	中山大學
建國方略建國大綱	孫　　文	著	
民權初步	孫　　文	著	
國父思想	涂　子　麟	著	中山大學
國父思想	周　世　輔	著	前政治大學
國父思想新論	周　世　輔	著	前政治大學
國父思想要義	周　世　輔	著	前政治大學
國父思想綱要	周　世　輔	著	前政治大學
中山思想新詮 ——總論與民族主義	周世輔、周陽山	著	政治大學
中山思想新詮 ——民權主義與中華民國憲法	周世輔、周陽山	著	政治大學
國父思想概要	張　鐵　君	著	
國父遺教概要	張　鐵　君	著	
國父遺教表解	尹　讓　轍	著	
三民主義要義	涂　子　麟	著	中山大學

三民大專用書書目——會計・統計・審計

三民大專用書書目——經濟・財政

三民大專用書書目——心理學